SÄCHSISCHE SCHWEIZ

Elbsandsteingebirge

Bernhard Pollmann

KOMPASS Wanderführer

Bernhard Pollmann

Jahrgang 1954, wohnt heute in Emden/Ostfriesland. Als Autor und Fotograf von mehr als 20 Führern über Gebiete in Deutschland, Norwegen, England, Frankreich, Tschechien und Polen zählt er zu den besten Kennern der Landschaften zwischen Alpen und Nordmeer.
Der Autor betreut außerdem die KOMPASS-Wanderführer: Rügen (941), Ruhrgebiet-Ost (933), Ruhrgebiet-West (932), Berlin-Süd (936), Berlin-Nord (937)

3. korr. Auflage 2008 · ISBN 978-3-85491-931-5 · Verlagsnummer 931

Text und Fotografie: Bernhard Pollmann
Lektorat: Karin Straßer

Bildnachweis
Titelbild: Sächsische Schweiz, Kurort Rathen, Basteifelsen
(Bildagentur Huber/R. Schmid)
Bild Innentitel Seite 1: Blick während der Schrammsteine-Wanderung Richtung Großer Winterberg und Böhmische Schweiz (B. Pollmann)
Foto Seite 3: Blick vom Lilienstein auf Stadt und Festung Königstein (B. Pollmann)

Grafische Herstellung: wt-BuchTeam
Wanderkartenausschnitte: © KOMPASS-Karten GmbH, Tourenübersicht: Ausschnitt aus der RV Länderkarte 1:250 000 »Sachsen« (Mairs Geograph. Verlag)
Höhenprofile: wt-BuchTeam

Alle Angaben und Routenbeschreibungen wurden nach bestem Wissen gemäß unserer derzeitigen Informationslage gemacht. Die Wanderungen wurden sehr sorgfältig ausgewählt und beschrieben, Schwierigkeiten werden im Text kurz angegeben. Es können jedoch Änderungen an Wegen und im aktuellen Naturzustand eintreten. Wanderer und alle Kartenbenützer müssen darauf achten, dass aufgrund ständiger Veränderungen die Wegzustände bezüglich Begehbarkeit sich nicht mit den Angaben in der Karte decken müssen. Bei der großen Fülle des bearbeiteten Materials sind daher vereinzelte Fehler und Unstimmigkeiten nicht vermeidbar. Die Verwendung dieses Führers erfolgt ausschließlich auf eigenes Risiko und auf eigene Gefahr, somit eigenverantwortlich. Eine Haftung für etwaige Unfälle oder Schäden jeder Art wird daher nicht übernommen. Für Berichtigungen und Verbesserungsvorschläge ist die Redaktion stets dankbar.
Korrekturhinweise bitte an folgende Anschrift:

Walter Theil, Irmengardstr. 9, 84518 Garching/Alz, Deutschland
Telefon 0049/(0)8634/68 98 03 · Fax 0049/(0)8634/68 98 04
E-mail: info@wt-buchteam.de · www.wt-buchteam.de
oder an
KOMPASS-Karten GmbH, Kaplanstraße 2, 6063 Rum/Innsbruck, Österreich
Telefon 0043/(0)512/26 55 61-0 · Fax 0043/(0)512/26 55 61-8
E-mail: kompass@kompass.at · www.kompass.at

Vorwort

Die Sächsische Schweiz ist das felsenreichste und kunsthistorisch bedeutsamste Sandsteingebirge Deutschlands. Das malerische Miteinander von Canyons, zerschluchteten Felsmassiven und aussichtsreichen Tafelbergen, von Wäldern, Bachtälern, Felsenburgen und artenreicher Vegetation haben ihr vor 200 Jahren als erstem deutschem Bergland den Namen »Schweiz« eingetragen. Damals wanderten Romantiker durch die Sächsische Schweiz, um sich von ihrer Schönheit inspirieren zu lassen. Die Aquarelle, Radierungen und Gemälde dieser wandernden Maler – unter ihnen Caspar David Friedrich – haben die Sächsische Schweiz zu einem Inbegriff romantischer Naturschönheit werden lassen.
Heute wartet die Sächsische Schweiz mit einer hervorragenden wandertouristischen Infrastruktur auf. Dank ihrer hohen ästhetischen und ökologischen Funktion, ihres Erholungs-, Bildungs- und Erlebniswerts steht sie weitflächig als Nationalpark unter Schutz. Und aufgrund ihrer Kleinteiligkeit und ihres Abwechslungsreichtums spricht sie unterschiedlichste Menschen an: Familien mit Kindern und Spaziergänger finden hier ebenso ein Paradies vor wie Weitwanderer und sportlich Ambitionierte oder geologisch, botanisch und kunsthistorisch Interessierte. Auch als Klettergebiet ist sie seit Jahrzehnten ein Begriff, und der gemütliche Elberadweg zählt zu den landschaftlich beeindruckendsten Radwanderwegen Deutschlands.
Dass dieses Kleinod in nur 562 m Höhe gipfelt, ist der schönste Beleg dafür, dass Vielfalt und Erlebnisqualität eines Berglands unabhängig von der Höhe über dem Meer sind. Tragen wir beim Wandern dazu bei, dass dieses einzigartige Erbe erhalten bleibt.

Bernhard Pollmann

INHALT

So schroff die Felsen auch aussehen: Auf nahezu alle – im Bild der Gasthaustrakt des Rauensteins – führen Steige, die zwar steil, aber nie sonderlich lang sind.

Das Gebiet

Die Sächsische Schweiz erstreckt sich als Teil des Elbsandsteingebirges beidseits der Elbe zwischen der Dresdner Elbtalweitung und der tschechischen Grenze. Aufgebaut ist das Gebirge überwiegend aus Sandstein. Von unterschiedlichen Materialien durchsetzt, sind die Sandsteinschichten verschieden anfällig gegenüber Verwitterung und Abtragung, und diesen unterschiedlichen Auswirkungen der Erosion verdankt die Sächsische Schweiz ihre Formenvielfalt: Felstürme, Überhänge, Höhlen, Schluchten, Ebenheiten, Tafelberge, Sanduhren, Waben-, Wollsackverwitterung usw.

Der aus der Romantik stammende Begriff »Sächsische Schweiz« bezeichnet die sächsischen Teile dieser Erosionslandschaft, der heutige Landkreis Sächsische Schweiz hingegen reicht weit über das Sandsteingebirge hinaus bis vor die Tore Dresdens und erstreckt sich nordwärts bis Stolpen und Neustadt. Während das Tal der in Pirna mündenden Gottleuba in etwa als Westgrenze angesehen werden kann, geht das Sandsteingebirge im Norden in das Lausitzer Granitgebirge über, wobei die »Lausitzer Störung«, d.h. der Wechsel von Sandstein und Granit, eine vor allem im Polenz- und im Kirnitzschtal auffällige geologische Grenze bildet, die sich auch in der unterschiedlichen Landschaftsformensprache äußert: An die Stelle der bizarren Erosionslandschaft der Sächsischen Schweiz mit ihren über 1000 Felstürmen, ihren wildromantischen Schluchten und steil aufragenden Tafelbergen tritt ein vergleichsweise ruhiges Kuppengelände. Diese Granitkuppen, die von fast allen Aussichtspunkten des Elbsandsteingebirges aus sichtbar sind, erheben sich teilweise in unmittelbarer Nähe des Sandsteingebirges und sind ihrerseits – wie der Wachberg bei Kirnitzschtal-Saupsdorf, der Hohburkersdorfer Rundblick bei Hohnstein-Rathewalde oder die Napoleonschanze bei Hohnstein – hervorragende Wanderziele.

Den heutigen Kern der »klassischen« Sächsischen Schweiz bildet der 1990 eingerichtete Nationalpark. Er besteht aus zwei voneinander getrennten Gebieten rechts der Elbe. Die Vordere Sächsische Schweiz zwischen Wehlen, Rathen, Hohnstein, Porschdorf und Prossen umfasst mit dem Basteigebiet die bekannteste und meistbesuchte Felsregion des Gebirges und mit dem Lilienstein den mächtigsten Tafelberg. Zu den Höhepunkten der weiter elbaufwärts gelegenen Hinteren Sächsischen Schweiz zählen das Kirnitzschtal, die Schrammsteinkette, die Affensteine, die Schluchtsysteme von Großem und Kleinem Zschand sowie die Basaltkuppe des Großen Winterbergs.

Boofen

Das Boofen (»Freiübernachten«) hat in der Sächsischen Schweiz eine lange Tradition. Das »Freiübernachten« ist nicht zu verwechseln mit skandinavischen Verhältnissen, wo jeder Wanderer in der »Wildnis« sein Zelt aufbauen kann, sondern es geht darum, im Schlafsack unter Überhängen zu nächtigen. Zu den ersten namentlich bekannten Outdoor-Übernachtern zählt Caspar David Friedrich, der um 1800 eine ganze Woche lang im Uttewalder Grund »lebte«. Später wurde das Recht zu boofen auf Bergsteiger eingeschränkt, wobei Bergsteigen als »im Zusammenhang mit dem Klettersport« stehend definiert wurde. Mit der explosionsartigen Ausbreitung des Kletterns als Funsport und dem zunehmenden Vandalismus (Graffitis an Felsen, Vermüllung, Brände, nächtliche Gelage) zeigten sich die Grenzen des Formalismus »Bergsteigen = Naturschutz«.

Der Diskurs, der in den 90er Jahren über das Boofen einsetzte, ist bis heute nicht abgeschlossen. Offizielle »Freiübernachtungsstellen» (gekennzeichnet durch Schilder) gibt es relativ viele (allein 19 im Schmilkaer Gebiet). Nähere Auskünfte erteilen die Nationalparkverwaltung bzw. der Sächsische Bergsteiger Bund.

Charakteristisch für die »Steine« des Elbsandsteingebirges sind große schalenförmige Vertiefungen wie auf dem Großen Zschirnstein (im Bild). Sie werden teils als Erosionserscheinungen, teils als »Opferkessel« aus versunkenen Zeiten interpretiert.

Berge und Steine

Auf beiden Seiten münden in das Urtal der Elbe schlucht- und klammartige »Gründe« und Täler, die sich ihrerseits in weit verzweigte Schluchtsysteme verästeln und von bis zu mehr als 100 m hohen Felswänden flankiert werden. Wie Inseln ragen zwischen diesen tief eingeschnittenen Schluchten land- oder forstwirtschaftlich genutzte Verebnungen, Berge und »Steine« auf. Die »Steine«, allseits steil abstürzende Tafelberge, sind ein Charakteristikum der Sächsischen Schweiz. Schroff erheben sie sich aus den landwirtschaftlich genutzten, lösslehmbedeckten »Ebenheiten« (Verebnungsflächen). Sie bilden dank ihrer isolierten Lage hervorragende Aussichtswarten und wurden bereits in vorgeschichtlicher Zeit von Menschen aufgesucht. Der im Herzen des Elbsandsteingebirges isoliert aufragende Lilienstein ist der König unter den »Steinen« und einer der markantesten Tafelberge Mitteleuropas. Das Bild des die Elbe zu einer Südschleife zwingenden Härtlings, der sich als einziger Tafelberg auf der rechten Seite des Flusses erhebt, bildet das Logo des Nationalparks. Weitere be-

kannte Steine sind der zur Festung ausgebaute Königstein und der Pfaffenstein mit der Felsnadel »Barbarine«, die ebenfalls als ein Wahrzeichen der Sächsischen Schweiz gilt.
Der Große Zschirnstein markiert mit 560 m den aussichtsreichen höchsten Punkt der Sächsischen Schweiz. Die höchste Erhebung des gesamten Elbsandsteingebirges ist der Hohe Schneeberg (Děčínský Sněžník) in Tschechien im Quellgebiet der Biela. Während sich Hoher Schneeberg und Zschirnstein im linkselbischen Flügel des Gebirges erheben, bildet rechtselbisch der formschöne Basaltkegel des Rosenbergs (Ružovsky vrch, 619 m) einen der eindrucksvollsten Blickfänge des gesamten Gebirges. Die bewaldete Kuppe des Großen Winterbergs ist mit 552 m die höchste rechtselbische Erhebung der Sächsischen Schweiz.

Täler, Schluchten und Steiganlagen

Hauptleitlinie dieser großartigen Sandstein-Erosionslandschaft ist die Elbe, die das Gebirge in zwei Flügel teilt. In einem steilwandigen Tal hat sich der im Riesengebirge entspringende Fluss in den Sandstein eingetieft. Zwischen Pirna und der tschechischen Grenze gibt es in diesem von Felsflanken eingefassten Urtal nur eine einzige Straßenbrücke, Fähren besorgen das Übersetzen der Wanderer von einem Ufer zum anderen. Mit wenigen Ausnahmen flankieren keine Straßen den Fluss, das Tal ist ein Reich für Wanderer geblieben. Der fast durchgehend autofreie Elberadweg erschließt das Elbtal in voller Länge.
Charakteristisch für die steilwandigen Schluchtsysteme ist eine Umkehr der klimatisch bedingten Vegetationszonen. Da sich die schwere Kaltluft im Tal sammelt, herrscht dort ein kühleres Klima als auf den Oberhängen, was sich auch in den Waldgesellschaften spiegelt. Im Talgrund kommen Pflanzenarten höherer Berglagen vor. Die Umkehr der Vegetationszonen bringt es mit sich, dass in den Schluchten auch montane Fichtenwälder und submontane Mischwälder wachsen. In heißen Sommern

Nationalparkverwaltung

Acht Mitarbeiter der Nationalparkwacht sind im Außendienst tätig. Sie überwachen die Einhaltung der Schutzbestimmungen und sind Ansprechpartner für alle Fragen vor Ort. Darüber hinaus unterhält die Nationalparkverwaltung folgende Informationsstellen:

Informationsstelle im Haus der Nationalparkverwaltung, An der Elbe 4, 01814 Bad Schandau, Tel. 035022-900 60, Fax 035022-900 66.

Informationsstelle Amselfallbaude, Ausstellungsraum in der historischen Baude (mit Gastwirtschaft) im Amselgrund zwischen Rathen und Rathewalde, Tel. 035975-812 19.

Informationsstelle Hinterhermsdorf, Im Haus des Gastes, Tel. 035974-52 10.
www.nationalpark-saechsische-schweiz.de

Die Ausschilderung und Markierung der Wanderwege in der Sächsischen Schweiz ist perfekt.

umgibt den Wanderer in den Schluchten oft eine angenehm erfrischende Kühle, während andererseits die Lufttemperatur im Winter oftmals höher als im umgebenden Hügelland ist.

Um die Schluchten und Steine zugänglich zu machen, wurde die Sächsische Schweiz ab den Zeiten der Romantik in das am dichtesten mit Steiganlagen erschlossene Felsgebiet Deutschlands umgewandelt. Es gibt keine Wanderung, bei der nicht wenigstens an einer Stelle Stufen, Treppen, Leitern, Stegbrücken und andere Einrichtungen als Gehhilfen anzutreffen sind.

Wegegebot und Ausschilderung

Grundlage des Wanderns in der Sächsischen Schweiz ist es, sich zum Schutz der Natur an das Wegegebot zu halten: Außerhalb der Nationalpark-Kernzonen dürfen alle vorhandenen Wege, gleichgültig ob markiert oder nicht markiert, begangen werden.

Grundsätzlich wird seit dem Jahr 2001 zwischen drei Kategorien von Wegen unterschieden, wobei als Neuerung der »Bergpfad« eingeführt wurde:

☞ »Wanderwege« erschließen das Gebirge für Wanderer und Spa-

Wanderverein

Sächsischer Bergsteiger Bund, Könneritzstraße 33, 01067 Dresden, Tel. 0351-49 414 15, Fax 0351-4941417, www.sbb-dav.de

ziergänger; sie sind bezeichnet mit Wegweisern (grün mit weißer Schrift) und/oder farbigen Wegemarken (Strich- oder Punktmarkierung). Die Bezeichnung »Wanderweg« bedeutet nicht, dass es sich um Wege im Sinne der in anderen Mittelgebirgen so weit verbreiteten Forstwege handelt. Zu den Wanderwegen zählen auch teilweise schwierige »Wanderpfade«.

☞ »Bergpfade« werden als Routen für versierte Bergwanderer definiert; sie sind mit einer Sondermarkierung (grüner Pfeil auf grauem Untergrund) bezeichnet. Diese neue Wegekategorie ist bislang noch nicht überall ausgeschildert; sie wird demnächst auch in den Wanderkarten eingetragen.

☞ Kletterzugänge sind Zustiegsrouten für Kletterer; sie sind durch die Sondermarkierung »schwarzer Pfeil auf weißem Untergrund« ausgewiesen. Diese Wegekategorie ist seit langem flächendeckend markiert.

☞ Gesperrte Wege oder Flächen sind durch die Sondermarkierung »schwarzes Andreaskreuz auf weißem Grund« ausgeschildert; auch das Sperrzeichen ist seit langem üblich.

Gefahren

Die Hauptgefahrenquellen sind Nässe und Gewitter (festes Schuhwerk notwendig!). Felsen sind schon bei der fernen Annäherung von Gewittern sofort zu verlassen. Seien Sie bei Regennässe auf Pfaden und Steigen sowie auf Holz (Bohlen-, Lattenwege, Leitern, Stege, Wurzeln) ebenso vorsichtig, als läge eine dünne Schicht Schnee. Eine weitere Gefahrenquelle können – dies gilt nur für den Nationalpark – herabfallendes Totholz und umstürzende Bäume bilden. Es wurden deshalb zeitweise schon Schluchten gesperrt. Das Elbsandsteingebirge ist eine Erosionslandschaft. Da die Erosion immer weiter fortschreitet, ist prinzipiell immer mit Felsstürzen zu rechnen. Auch wenn Felsstürze nicht so häufig sind, es gibt sie: Am 22. November 2000 brachen Teile der Ostwand des Wartturms ab, 800 Tonnen Gestein donnerten auf den rechtselbischen Elberadweg (niemand wurde verletzt). Die Spuren dieses Felssturzes sind von der Bastei aus deutlich zu sehen. Auch am Papststein sieht man einen Felssturz (von 1972), desgleichen am Flößersteig im Kirnitzschtal.

Verkehrsmittel

Nahezu alle Ausgangspunkte dieses Führers sind S-Bahnhöfe oder Bushaltestellen. Es ist zumindest in der Hauptsaison zu empfehlen, nicht mit dem Auto anzureisen, sondern öffentliche Verkehrsmittel zu benutzen. Die S-Bahn bedient alle Bahnhöfe in der Sächsischen Schweiz im 30-Minuten-Takt (und öfter), während man mit dem Auto, von Dresden kommend, auf völlig überlasteten

Die Fährüberfahrten über die Elbe – hier zwischen Pötzscha und Stadt Wehlen – dauern nur wenige Minuten und kosten meist weniger als 1 Euro.

Straßen mehr steht als fährt. Der Verkehrsverbund Oberelbe ist im Internet mit einer komfortablen Fahrplanauskunft präsent, die es ermöglicht, sich zu allen Ausgangs- und Zielorten die Verbindungen anzeigen zu lassen und zwar für genau den Tag (oder die Zeit), an dem die Wanderung geplant ist (www.vvo-online.de).

Hauptverkehrsmittel neben S-Bahn und Bus sind aus der Wanderperspektive die Elbfähren. Viele pendeln in der Nähe von S-Bahnhöfen von morgens bis spät in die Nacht von einem Ufer zum anderen. Zwischen Oberrathen und dem autofreien Niederrathen verkehrt zwischen 4.30 Uhr und 1 Uhr nachts die letzte Gierseilfähre. Dieses motorenfreie technische Denkmal, das durch ein stromaufwärts in der Mitte des Flusses verankertes Stahlseil auf konstanter Höhe gehalten wird, besorgt in vier Minuten die Überfahrt von bis zu 322 Personen (auch Fahrradtransport). Der Antrieb erfolgt umweltfreundlich durch die starke Strömung der Elbe, die Fahrtrichtung ergibt sich aus der Stellung des Steuerruders.

Die 1877 eröffnete Eisenbahnlinie von Bad Schandau durch das Sebnitztal nach Sebnitz und weiter nach Neustadt i.Sa. wird wegen der Kompliziertheit ihrer Anlage »Sächsische Semmeringbahn« genannt. Von Bad Schandau (128 m) an der Elbe windet sie sich durch sieben Tunnel und über ca. 60 Brücken hinauf in die Bergwelt der Sächsischen Schweiz. Sie erreicht am Haltepunkt Krumhermsdorf (415 m), dem höchstgelegenen DB-Normalspurbahnhof

nördlich der Elbe, ihren Scheitelpunkt und endet nach 36,6 Schienenkilometern in Neustadt (343 m). Der Sächsische Semmering ist eine der landschaftlich schönsten Eisenbahnlinien Deutschlands und wird heute als DB-Regionalbahnstrecke (mit Triebwagen) befahren. Vom Haltepunkt Porschdorf bzw. vom Haltepunkt Gossdorf-Kohlmühle folgt der Rotpunkt-Wanderweg der Bahnlinie durch das Sebnitztal autofrei bis zum Haltepunkt Ulbersdorf; von dort kann man mit dem Zug nach Bad Schandau zurückfahren.
Das exotischste »Verkehrsmittel« im Verkehrsverbund Oberelbe ist der Personenaufzug in Bad Schandau auf die Ostrauer Scheibe. Dieser 1904 in Betrieb genommene Vertikallift am Berghang steht als technisches Denkmal unter Schutz.

Hauptausgangsorte und Sehenswürdigkeiten

Bad Schandau

Die »Perle der Sächsischen Schweiz« ist Kneippkurort und Fremdenverkehrszentrum an der Mündung der Kirnitzsch in die Elbe in unmittelbarer Nähe einiger der bedeutendsten Wandergebiete, darunter der Schrammsteine, des Kirnitzschtals und des Nationalparks Hintere Sächsische Schweiz mit dem Großen Winterberg, der höchsten rechtselbischen Erhebung. Stadtbildprägend ist der massige Glocken- und Fluchtturm der barocken evangelischen Stadtkirche am straßenähnlichen Markt. Zur Stadt gehören die Ortsteile Ostrau, Postelwitz und das an der Grenze zu Tschechien gelegene Schmilka sowie der linkselbische Ort Krippen. Die einst bäuerliche Siedlung Ostrau auf der Ebenheit oberhalb der Stadt (Aufzug am Berg!) hat sich dank ihrer günstigen Lage als Ausgangspunkt für Touren in das Schrammsteingebiet zu einem bedeutenden Erholungsort entwickelt. Auf dem Bergrücken rechts über der Mündung der Kirnitzsch erhebt sich an der Stelle der mittelalterlichen Burgwarte Schomberg eine künstliche Ruine (1883) mit Aussichtsturm.
Info: Bad Schandauer Kur- und Tourismus GmbH, Kurverwaltung im Haus des Gastes, Markt 8, 01812 Bad Schandau,
Tel. 035022/900 30 bzw. 194 33,
Fax 035022/900 34
www.bad-schandau.de

Gohrisch

Die Gemeinde Kurort Gohrisch liegt im linkselbischen »Reich der Steine« auf einer Hochfläche mit Wäldern, aussichtsreichem Grünland und Felsbergen, die erstklassige Panoramen gewähren: Gohrisch, Papststein und Kleinhennersdorfer Stein sind die bekanntesten. Vor der Fels- und Waldkulisse des letzteren findet alljährlich im Sommer das Open-Air-Singen des Sächsischen Bergsteigerchors statt. Neben Gohrisch, einer der ältesten »Som-

merfrischen« der Sächsischen Schweiz, und Kleinhennersdorf gehören die Dörfer Cunnersdorf (Waldschwimmbad im Katzsteingebiet) und Papstdorf zur Gemeinde.
Info: Fremdenverkehrsamt im Kurhaus Gohrisch, Königsteiner Straße 14, 01824 Gohrisch,
Tel. 035021/766 13, Fax 766 30
www.gohrisch.de

Heidenau-Großsedlitz

Der Barockpark Großsedlitz bei Heidenau auf dem Hochufer über dem Elbtal vor den Toren der Sächsischen Schweiz ist der bedeutendste französische Garten in Sachsen. Das »Sächsische Versailles« wurde in den 1720er Jahren für August den Starken, den Kurfürsten von Sachsen und König von Polen, angelegt. Hauptblickfang ist das Parterre mit der Unteren Orangerie und der Fontänenanlage »Stille Musik«.
Info: Tourismusverein Heidenau, Güterbahnhofstraße 10, 01809 Heidenau, Tel. 03529/51 10 15,
Fax 52 26 19, www.heidenau.de

Hinterhermsdorf

Das im Jahr 2000 zum »schönsten Dorf in Sachsen« gekürte Hinterhermsdorf, ein Ortsteil der Stadt Sebnitz, liegt am Rand des Nationalparks Hintere Sächsische Schweiz und ist ein idealer Ausgangspunkt für Wanderungen in den Fels- und Schluchtgebieten im am weitesten ostwärts reichenden Teil der Sächsischen Schweiz an der Grenze zu Tschechien. Rund um die »Engelkirche« (1689) findet sich eine Vielzahl gut erhaltener Umgebindehäuser des 19. Jh., die ältesten stammen aus dem 17. Jh. Zu den touristischen Highlights zählt die Bootsfahrt auf der Kirnitzsch durch die Obere-Schleuse-Klamm.
Info: Tourist Information Hinterhermsdorf, Haus des Gastes, Weifbergstraße 1, 01855 Hinterhermsdorf, Tel. 035974/52 10, Fax 52 11.

Hohnstein

Die von der Burg Hohnstein überragte Bergstadt Hohnstein am Nordrand des Nationalparks Vordere Sächsische Schweiz liegt hoch über dem Polenztal an genau der Stelle, wo die »Lausitzer Störung« den Wechsel von Granit und Sandstein bewirkt: Unterhalb von Hohnstein bildet das Polenztal den bedeutendsten Sandsteincanyon der Sächsischen Schweiz und oberhalb das schönste Granittal des Landkreises. Im Ortsbild der aussichtsreich gelegenen Bergstadt mit ihren gut erhaltenen Fachwerkhäusern ragt die evangelische Stadtkirche hervor: Die 1725–28 nach Plänen von George Bähr (Dresdner Frauenkirche) errichtete Chorturmkirche gilt als eine der schönsten Barockkirchen Sachsens. Die malerische Gebäudegruppe der Burg (15./16. Jh.), die ab 1534 wechselweise als Staatsgefängnis und als Jagdschloss genutzt und 1933/34 in das erste Konzentrationslager Sachens umgewandelt wurde, beherbergt ein Natur-

Blick auf den Elbkai vor Bad Schandau an der Mündung der Kirnitzsch.

kunde- und Historisches Museum sowie das Naturfreundehaus Burg Hohnstein. Da zur Stadt Hohnstein auch die Ortsteile Cunnersdorf, Ehrenberg, Goßdorf, Hohburkersdorf, Kohlmühle, Lohsdorf, Rathewalde, Ulbersdorf, Waitzdorf und Zeschnig gehören, sind die Wandermöglichkeiten schier unerschöpflich.
Info: Touristinformation Hohnstein, Rathausstr. 10, 01848 Hohnstein, Tel. 035975/194 33,
Fax 868 10,
www.burgstadt-hohnstein.de

Kirnitzschtal

Namensgeber der Nationalparkgemeinde ist das durch den Flößersteig und die Kirnitzschtalbahn erschlossene Kirnitzschtal. Mit seinen Felswänden, Wäldern und Mühlen sowie den Relikten alter Felsenburgen hoch über dem Tal ist es eines der beeindruckendsten Schluchttäler der Sächsischen Schweiz und gleichzeitig einer der bedeutendsten Ausgangspunkte für Wanderungen im Nationalpark Hintere Sächsische Schweiz. Auf dem aussichtsreichen Höhenrücken nördlich des Tals liegen die Ortsteile Altendorf – hier flackert an Mittsommer weithin sichtbar das Sonnenwendfeuer –, Mittelndorf, Lichtenhain und Ottendorf sowie Saupsdorf im Hang des Wachbergs. In den Dörfern haben sich ansehnliche Umgebindehäuser des 19. Jh. erhalten. Über den Höhenrücken führt die Hohe Straße, eine uralte Handelsroute, die heute zu den Panorama-

straßen der Sächsischen Schweiz zählt.
Info: Fremdenverkehrsamt Altendorf, Sebnitzer Straße 2, 01855 Altendorf, Tel./Fax 035022/427 74
www.oberelbe.de

Königstein

Die Stadt Königstein liegt an der Mündung der Biela in die Elbe zwischen vier der bedeutendsten »Steine« der Sächsischen Schweiz: Der namengebende Königstein trägt ein Festungsmuseum, der Lilienstein im Nationalpark ist der mächtigste Tafelberg des Elbsandsteingebirges, die Felsnadel Barbarine am Pfaffenstein gilt als Wahrzeichen der Sächsischen Schweiz, und der Quirl weist mit der Diebshöhle die größte Schichthöhle des Gebirges auf. Zur Stadt gehören die Ortsteile Pfaffendorf (am Pfaffenstein), Leupoldishain (an den Nikolsdorfer Wänden) und Hütten sowie rechtselbisch im Vorfeld des Liliensteins Ebenheit und Halbestadt.
Info: Haus des Gastes Tourist-Information, Schreiberberg 2, 01824 Königstein/Sächs. Schweiz, Tel. 035021/682 61, Fax 688 87
www.königstein-sachsen.de

Lohmen

Die Gemeinde Lohmen liegt am Nordwestrand des Nationalparks Sächsische Schweiz und verfügt mit der Bastei, der Felsenburg Neurathen und dem Uttewalder Grund über drei der bedeutendsten Natur- und Kultursehenswürdigkeiten des Gebirges. Die Lohmener Kirche (1786–89), eine der schönsten und größten Dorfkirchen Sachsens, bildet dank ihrer hervorragenden Akustik den Rahmen für Konzerte. Das Lohmener Schloss auf einem Felsen hoch über der Wesenitz beherbergt seit Abschluss der Komplettsanierung 2001 die Gemeindeverwaltung und die Tourist-Information. Das monumentale Richard-Wagner-Denkmal am Malerweg im Liebethaler Grund ist das größte Wagner-Denkmal der Welt. Zur Gemeinde Lohmen gehören ferner die Ortsteile Daube, Doberzeit, Mühlsdorf und Uttewalde.
Info: Tourist-Information Lohmen, Schloss Lohmen 1, 01847 Lohmen, Tel. 03501/581 00, Fax 58 10 42
www.lohmen-sachsen.de

Pirna

Das »Tor zur Sächsischen Schweiz« liegt am Austritt der Elbe aus dem Elbsandsteingebirge in die Dresdner Elbtalweitung. Sie ist die Kreisstadt des Landkreises Sächsische Schweiz und dank der S-Bahn-Anbindung ein hervorragender Ausgangspunkt für Touren im Elbsandsteingebirge und auf dem Elberadweg. Berühmt wurde die im Schutz einer später zur Festung ausgebauten Burg auf dem Sonnenstein links der Elbe entstandene Stadt durch die Veduten, die der sächsische Hofmaler Bernardo Bellotto (Canaletto II) um 1750 mit bis ins Detail gehender Exaktheit stach. Da Pirna zu diesem Zeitpunkt seine wirtschaftliche Blüte bereits über-

Im Bereich der Bastei erwarten zahlreiche Tiefblicke in den Rathener Felszirkus.

schritten hatte und in späteren Kriegen unzerstört blieb, weist die mittelalterliche Altstadt heute noch viel Ähnlichkeit mit den Darstellungen Bellottos auf. Zu den bemerkenswerten Gebäuden zählen der stadtbildprägende Sandsteinquaderbau der gotischen Marienkirche (ev.), das frei auf dem Marktplatz stehende Rathaus (16./19. Jh.), das Canalettohaus und andere meist vorbarocke Bürgerhäuser rund um den Markt sowie in den angrenzenden Straßen. Das Stadtmuseum ist im ehemaligen Kapitelsaal des Dominikanermuseums untergebracht.
Kein Ehrenbürger, aber der bekannteste Spross der Stadt ist der katholische Inquisitor Johann Tetzel, dessen Ablasspredigten Martin Luther zur Veröffentlichung seiner 95 Thesen veranlassten. Info: TouristService Pirna, Am Markt 7, 01796 Pirna,
Tel. 03501/ 465 70, Fax 46 57 15
www.touristservice-pirna.de

Rathen

Der Kurort Rathen ist das bedeutendste Fremdenverkehrszentrum in der Vorderen Sächsischen Schweiz. Die kleinste Gemeinde Sachsens liegt beidseits der Elbe. Links des Flusses in Oberrathen befinden sich S-Bahnhof und Parkplätze, rechts des Flusses liegt am Ausgang des Grünbachtals unterhalb der Basteifelsen der autofreie Ortsteil Niederrathen, zwischen Ober- und Niederrathen pendelt die letzte Gierseilfähre der Elbe. Die 1936 im Felskessel des Wehlgrunds am Fuß der Basteihochfläche und unterhalb der Felsenburg Neurathen eingerichtete Felsenbühne Rathen ist

Viele Felskanzeln, die als ausgesetzt empfunden werden können, sind geländergesichert; hier die Aussichtskanzel beim Gasthaus auf dem Rauenstein mit Blick zum Lilienstein.

eines der eindrucksvollsten Naturtheater Europas. Vor der imposanten Kulisse der Wehltürme können bis zu 2000 Menschen von Mai bis Anfang September Opern- und Musicalaufführungen sowie Konzertveranstaltungen miterleben.
Info: Haus des Gastes, Niederrathen 17 b, 01824 Kurort Rathen, Tel./Fax 035024/704 22
www.kurort-rathen.de

Reinhardtsdorf-Schöna

In dieser linkselbischen Erholungsgemeinde erreicht die Sächsische Schweiz im aussichtsreichen Großen Zschirnstein (562 m) ihre höchste Erhebung. Weitere Glanzpunkte der ländlich geprägten Gemeinde, in der man auch schöne Reitwanderungen unternehmen kann (zwei Reiterhöfe), sind Zirkelstein und Kaiserkrone. Zur Gemeinde gehören die Dörfer Kleingießhübel am Fuß der Zschirnsteine, Reinhardtsdorf mit einer sehenswert ausgestatteten Kirche und das Zirkelstein-Kaiserkrone-Dorf Schöna, an dessen S-Bahnhof eine Fähre Wanderern und Radlern den raschen Übergang nach Hrensko in Tschechien ermöglicht.
Info: Gemeindeverwaltung, Waldbadstraße 52 d/e,
01814 Reinhardtsdorf-Schöna,
Tel. 035028/807 37, Fax 804 34
www.oberelbe.de

Struppen

Die Gemeinde Struppen liegt im Rathener Elbbogen auf der linkselbischen Seite der Vorderen Sächsischen Schweiz und umfasst außer dem namengebenden Urlaubsort die Erholungsorte Thürmsdorf und Weißig sowie die Dörfer Ebenheit, Naundorf und Strand.

Bärenstein-Aussicht

Die durch ein bewaldetes Trockental getrennten Bärensteine sind zerklüftete, aussichtsreiche Felsmassive. Der höhere und schlankere ist der Kleine Bärenstein (338 m), er überragt den massigeren Großen Bärenstein um 10 m und bietet eine herausragende Aussicht: Direkt im Norden sehen wir den Großen Bärenstein, rechts davon das lang gestreckte Felsmassiv des Rauensteins mit dem östlich vorgelagerten Nonnenstein, dahinter zeigen sich die Basteiwände und die Weißen Brüche, während im Osten der Lilienstein über der Elbschleife als mächtigster »Stein« den Blickfang bildet. Links vom Lilienstein ist die Schrammsteinkette zu sehen, dahinter rundet sich der Große Winterberg, im Vordergrund zeigt sich die mauerumgürtete Festung Königstein, zwischen ihr und dem Lilienstein erhebt sich der Pfaffenstein, dahinter staffeln sich Papststein, Gohrisch, Kaiserkrone, Zirkelstein und der Große Zschirnstein als die höchste Erhebung der Sächsischen Schweiz. Auch der in Tschechien gelegene Hohe Schneeberg (721 m), der höchste Berg des Elbsandsteingebirges, ist in Sicht.

Die herausragenden Wanderziele sind die Bärensteine und der Rauenstein, mit den Elbfähren in Oberrathen/Rathen und Pötzscha/Wehlen ist auch der Nationalpark Vordere Sächsische Schweiz rasch erreichbar. In der Pfarrkirche von Struppen befindet sich die älteste Orgel (1746) der Sächsischen Schweiz. Am Pfarrhaus (1748–59) erinnert eine Gedenktafel an den hier geborenen Pfarrer Wilhelm Leberecht Götzinger (1758–1818), der zur Zeit der Romantik mit Führern wie »Schandau und seine Umgebungen oder Beschreibung der so genannten Sächsischen Schweiz« wesentlich zur touristischen Entdeckung der Sächsischen Schweiz beitrug.

Info: Gemeindeverwaltung Struppen, Touristinformation, Hauptstraße 39, 01796 Struppen, Tel. 035020/704 18, Fax 701 54
www.oberelbe.de/struppen

Wehlen

Der Erholungsort Stadt Wehlen liegt mit Blick auf die Basteiwände beidseits der Elbe am Südwestrand des Nationalparks Sächsische Schweiz. Neben dem »Wehlstädtel« mit der aussichtsreichen Burguine auf dem Schlossberg oberhalb des Marktplatzes, dem Pflanzengarten (ca. 600 Pflanzenarten) und dem Heimatmuseum (Nachbildung eines Steinbruchs) gehören zum Stadtgebiet Dorf Wehlen mit der Miniaturparkanlage »Kleine Sächsische Schweiz» (Nachbildung der Felsen, des Elbtals und verschiedener Ausflugsziele) und weiter elbabwärts der Fährweiler Zeichen sowie das linkselbische Pötzscha unterhalb des Großen Bärensteins. Die Wilkeaussicht zwischen Stadt Wehlen und Zeichen bietet einen hervorragenden Blick auf das Elbtal, das Wehlstädtel, zur Bastei und linkselbisch auf Rauenstein und Bärensteine.

Info: Gästeamt Stadt Wehlen, Markt 5, 01829 Stadt Wehlen, Tel. 035024/704 14, Fax 797 43
www.stadt-wehlen.de

In der Sächsischen Schweiz trifft man auf unterschiedlichste Gehhilfen, hier ein Lattenrost auf einer nassen Stelle im Schrammsteingebiet.

Gehzeiten

Die Kleinteiligkeit der Sächsischen Schweiz mit ihren zahllosen Felsgestalten, Schluchten, Aussichtskanzeln, Höhlen, Steiganlagen und naturnahen Pfaden bringt eine im Vergleich zu anderen Mittelgebirgen deutlich niedrigere durchschnittliche Wandergeschwindigkeit mit sich. Auch gibt es zu viele Verweilpunkte, zu viele Orte zum Schauen und Staunen und zu wenig breite Forstwege, auf denen man einfach so dahintappt. Das Verweilen betrifft auch die Fährstellen und S-Bahnhöfe. Diese »Gemütlichkeit« bildet einen wohltuenden Kontrast in einer Zeit, in der alles schnell und schneller gehen muss. Das »Warten« auf die Fähre gehört zum Wandern dazu, man weilt am Fluss und sieht hinaus auf das Wasser und hinauf zu den Felsen. All dies führt dazu, dass auch für kilometermäßig kurze Wanderungen mehrere Stunden zu veranschlagen sind.

Schwierigkeitsgrade

Dass der überwiegende Teil der Wege in der Sächsischen Schweiz für Räder (auch Mountainbikes) gesperrt ist, signalisiert ein Wanderwegenetz, das sich grundlegend von dem anderer Mittelgebirge unterscheidet: Anstelle fahrradfähiger Forstwege und Asphaltpisten erwarten in der Sächsischen Schweiz fast überall einerseits naturnahe Fels- und Wurzelwegpassagen, andererseits die erwähnten Steiganlagen. Die Begehung auch scheinbar harmloser Fels- und Wurzelwege, -pfade oder -steige erfordert Erfahrung und insbesondere bei Nässe und/oder Schneelage Vorsicht. Deshalb sind die meisten Wanderungen dieses Führers als »mittelschwer» (ROT ▼) eingestuft: Auch ein prinzipiell »leichter» (BLAU ▼) Weg wie der Flößersteig im Kirnitzschtal wartet mit Passagen auf, die Trittsicherheit erfordern, und es wäre falsch, durch die Einstufung »leicht« bei Rollstuhlwanderern, gehbehinderten Rekonvaleszenten oder Familien mit Kinderwagen die schöne Hoffnung zu wecken, hier eine geeignete Route zu finden. In diesem Sinne werden Routen wie der Aufstieg von Rathen zur Bastei als »mittelschwer« eingestuft, auch

Aussichtsreiche Weitblicke wie hier vom Großen Zschirnstein zum Rosenberg sind garantiert.

wenn man sie persönlich als »leicht« empfindet: Sie sind weder fahrrad- noch rollstuhl- und auch nicht kinderwagenfähig. Ähnliches gilt für die vielen Stufen- und Leiteranlagen. Leitern an ausgesetzten Stellen haben eine Geländersicherung, die auch als psychologischer Halt dient. Im Vergleich zu alpinen Klettersteigen sind sie harmlos und zudem sehr kurz, aber nur aus der Sicht derjenigen, die keine ausgeprägte Höhenangst entwickeln. Schwierigere Routen sind als SCHWARZ (▼) klassifiziert.

1

Auf den Kleinen Bärenstein

Annäherung an das Elbsandsteingebirge

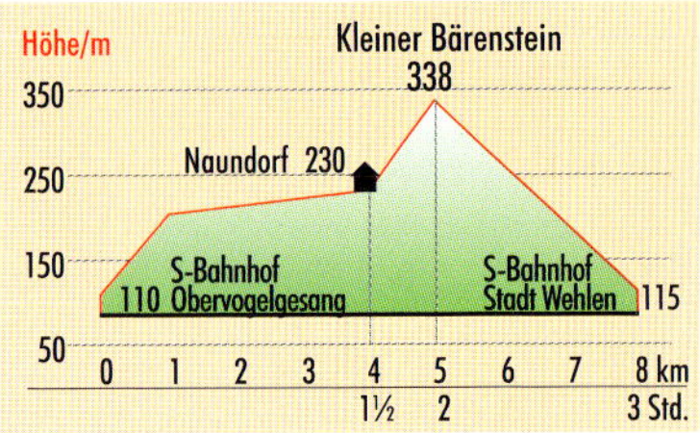

Ausgangspunkt: S-Bahnhof Obervogelgesang in Pirna-Obervogelgesang. Anfahrt auf der B 172 Dresden – Pirna – Bad Schandau, in Pirna abzweigen Richtung Struppen, in Struppen abzweigen Richtung Obervogelgesang; die Zufahrt ist eine für den öffentlichen Verkehr gesperrte Anliegerstraße, unten an der Elbwiese unterhalb des Gasthofs gibt es einen kleinen Parkplatz.
Bahn: S-Bahn Dresden – Obervogelgesang – Stadt Wehlen – Schöna.
Gehzeit: Knapp 3 Std., davon knapp 1½ Std. bis Naundorf, ca. ½ Std. auf den Kleinen Bärenstein und knapp 1 Std. nach Pötzscha.
Charakter: Landschaftlich hervorragende Wald- und aussichtsreiche Grünlandwanderung auf überwiegend bequemen Wegen und Pfaden, teilweise Stufen/Treppen.
Einkehr: Obervogelgesang, Naundorf, Pötzscha.
Karte: KOMPASS Nr. 810 oder (Touranfang fehlt) Nr. 761 (1:30.000).

Vom S-Bahnhof des Dörfleins Obervogelgesang führt diese naturschöne Streckenwanderung auf den linkselbischen Höhen zum aussichtsreichen Kleinen Bärenstein und hinab zum S-Bahnhof Wehlen in Pötzscha. Während der Wanderung, die mit Ausnahme weniger Punkte vergleichsweise wenig begangen wird, rücken nach und nach fast sämtliche Fels- und Bergschönheiten der Sächsischen Schweiz ins Blickfeld, wobei der Lilienstein mit seiner markanten westlichen Schmalseite als beeindruckendste Gestalt erscheint.

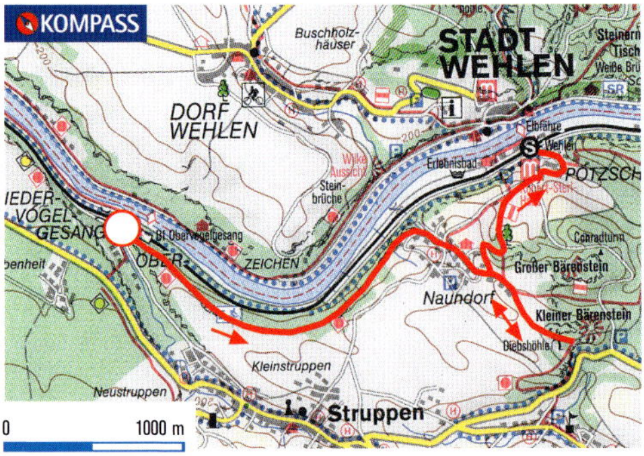

Zum Auftakt der Wanderung sollte man den 2-Minuten-Abstecher zur Elbwiese unterhalb von Bahnhof und Gasthof **Obervogelgesang** unternehmen. Hier befindet sich ein Rastplatz am Elberadweg (auf dem man von Pötzscha aus zurückwandern

Der höhere Kleine Bärenstein und der massige Große Bärenstein erheben sich inmitten von Grünland.

kann, wenn man nicht die S-Bahn nehmen will). Man hat einen schönen Blick auf die bewaldeten Steilhänge des Elbtals, direkt gegenüber zeigt sich zwischen Laubbäumen das Fährhaus Zeichen. Von der Elbwiese kehren wir zurück, unterqueren den Bahndamm – um am Fuß der steilen Felswände die Bahnlinie anlegen zu können, wurden Mitte des 19. Jh. fast 2 km lange Stützmauern errichtet –, folgen der Rotpunkt-Markierung steil links hinauf zur **Königsnase** und genießen oberhalb der Felsen den ausgezeichneten Ausblick in das Elbtal. Weitgehend eben führt der Weg/Pfad durch die Wälder an der Abbruchkante hoch über dem Elbtal sowie durch aussichtsreiche Wiesen, durchquert das Dorf **Naundorf** und leitet hinauf zum **Kleinen Bärenstein** (zur Aussicht siehe Seite 19).

Während der Rotpunkt-Weg weiter nach Königstein führt (dort besteht die Möglichkeit, mit der Bahn zurückzufahren), machen wir kehrt, gehen zurück nach Naundorf, zweigen am Ortsrand rechts ab (»Rotstrich«) und lassen uns durch den **Damengrund** nach **Pötzscha** hinableiten.

Variante für den Rückweg: Den Großen Bärenstein nördlich auf dem Hermann-Schneider-Weg umgehen. Prächtige Rückblicke auf Conrad- und Bärensteinturm.

Fährenvariante via Wehlen

Auf vielen Karten ist bei Obervogelgesang noch die Personenfähre eingezeichnet; der Fährbetrieb wurde schon vor längerem aus Rentabilitätsgründen eingestellt. Sollte der Fährbetrieb wieder aufgenommen werden, besteht die Möglichkeit zu einer Rundwanderung beidseits der Elbe: In Pötzscha setzt man mit der Fähre nach Stadt Wehlen über, wandert auf dem rechtselbischen Rotpunkt-Weg stromabwärts zum Fährhaus Zeichen und setzt dort mit der Fähre nach Obervogelgesang über. Diese Möglichkeit besteht derzeit allenfalls an Volksfesttagen: Dann pendelt – aus Nostalgiegründen – die Fähre.

2

Rauensteinkammweg

Fels- und Aussichtswanderung

Ausgangspunkt: S-Bahnhof Stadt Wehlen in Pötzscha; Anfahrt auf der B 172 Dresden – Pirna – Bad Schandau, in Pirna abzweigen Richtung Struppen, in Struppen abzweigen Richtung Stadt Wehlen; die schmale Stichstraße endet in Pötzscha (Parkplatz unten am Fähranleger).
Bahn: S-Bahn Dresden – Schöna.

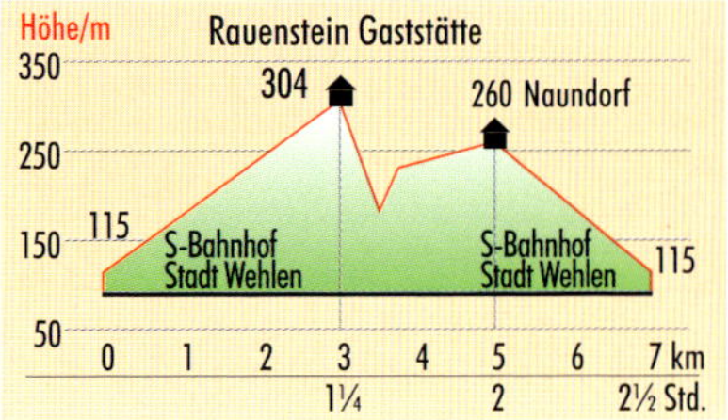

Gehzeit: Knapp 2½ Std., davon gut 1 Std. bis zur Gaststätte auf dem Rauenstein und knapp ¾ Std. nach Naundorf.
Charakter: Wald-, Wiesen- und Aussichtswanderung auf Wegen, Pfaden und stufenreichen Steigen.
Einkehr: Pötzscha, Rauenstein, Naundorf.
Karte: KOMPASS Nr. 810, 761 (1:30.000).

Den aussichtsreichen Rauenstein links über dem Rathener Elbbogen erschließt der als anspruchsvoll geltende Rauensteinkammweg: In spürbarem Auf und Ab führt er über Stufen und Leitern durch eine malerisch-bizarre Felsenwelt.
Vom S-Bahnhof Stadt Wehlen in **Pötzscha** gehen wir im Ort talaufwärts, bald längs der schmalen Stichstraße, die von Struppen hierher ins Dorf führt. Im Haus Nr. 40 befindet sich eine Gedächtnisstätte für den Maler Robert Sterl (1867–1932), der mit seinen Steinbrechbildern den Schwerarbeitern seiner Heimat ein eindrucksvolles Denkmal setzte. Nach wenigen Minuten verlässt die Mark. »Gelbstrich« die Stichstraße, führt teils in aussichtsreichem Wiesenland, teils im Wald über den **Gansrücken** und erreicht die Verzweigung am Fuß des Rauensteins. Während der Gelbstrich-Kammweg nun links hinauf auf den Rauenstein abzweigt, lohnt der Abstecher geradeaus durch eine Felsgasse abwärts zum **Pudelstein**, der mit

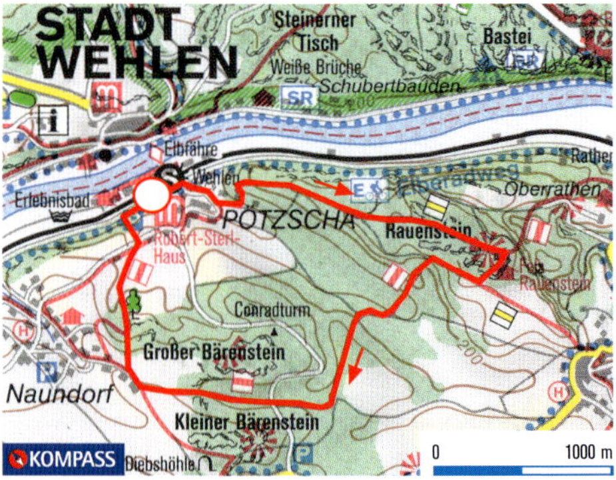

Blick vom Rauenstein zur Bastei (deutlich zu erkennen: die Bogenkonstruktion der Basteibrücke).

zentimetergroßen »Warzen« aus brauneisenhaltigem Sandstein bedeckt ist. Bemerkenswert sind auch die sanduhrähnlichen Sandsteinpfeiler, hinter denen sich geräumige Höhlen öffnen. Nach diesem Abstecher kehren wir zurück zum Gelbstrich-Weg, der im Rauensteinkammweg weitergeht und in zahlreichen Auf- und Abstiegen (Stufen, Brücken, Leitern) durch das von Schluchten gegliederte Massiv des **Rauensteins** führt. Nach Durchsteigen der Lehmannschlucht erreicht der Kammweg den aussichtsreichen höchsten Punkt, auf dem eine Bergwirtschaft steht.

Nach dem kurzen Stufenabstieg vom Rauenstein treffen wir an einer Wegverzweigung auf die von Rathen heraufführende Rotstrich-Markierung und folgen ihr rechts. Sie verlässt gleich darauf den Wald und führt anfangs aussichtsreich, dann im Wald hinüber in das Trockental zwischen den Bärensteinen, zerklüfteten Felsmassiven, die ungeachtet ihres Namens nicht die charakteristische Tafelbergform der anderen »Steine« aufweisen. Der höhere der beiden Bärensteine ist der Kleine Bärenstein (338 m, Tour 1, 3). Nach dem Abstecher auf einen oder auf beide Bärensteine folgen wir dem »Rotstrich« weiter nach **Naundorf**, zweigen am Ortsrand rechts ab und lassen uns durch den **Damengrund** zum **Ausgangspunkt** zurückleiten.

Rauenstein

Der Rauenstein ist ein 1000 m langes und bis zu 400 m breites, stark zerklüftetes, großbankiges Felsmassiv, das 1885 durch eine Steiganlage, den Rauensteinkammweg, wandertouristisch erschlossen wurde, und auf dessen höchster Erhebung (304 m) seit 1893 eine Bergwirtschaft zur Einkehr lädt. Der Blick reicht von den Basteiwänden über dem Elbtal bis zur Schrammsteinkette, während südlich des Flusses die »Steine« wie Inseln aus den Ebenheiten ragen. Östlich unterhalb steht der sagenumwobene Klettergipfel Nonne.

Von Thürmsdorf auf die Bärensteine

Aussichtsreiche Doppelkuppe über dem Elbbogen

Ausgangspunkt: Bushaltestelle Thürmsdorf-Ortsmitte in Struppen-Thürmsdorf. Anfahrt auf der B 172 Pirna – Königstein und via Struppen nach Thürmsdorf; Thürmsdorf ist Ortsteil von Struppen.
Bus: Regionaler Busverkehr.
Gehzeit: 2 Std., davon gut ½ Std. auf den Kleinen Bärenstein und gut ½ Std. auf den Großen Bärenstein.

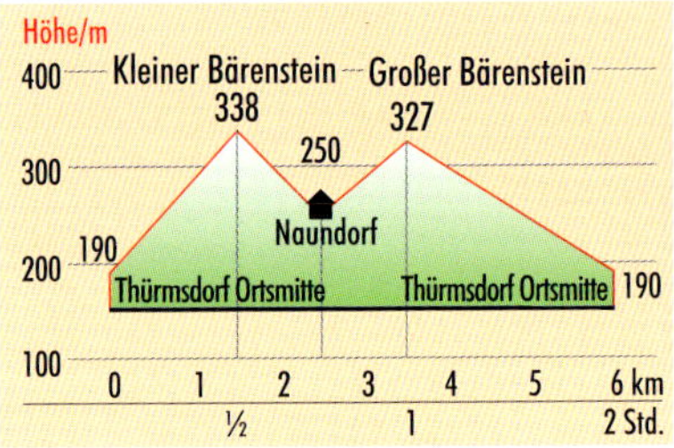

Charakter: Steile, teilweise gestufte Aufstiege auf die Bärensteine, ansonsten bequeme Wald- und Wiesenwege und Pfade.
Einkehr: Thürmsdorf, Naundorf (wenn man ins Dorf hinabgeht).
Karte: KOMPASS Nr. 810, 761 (1:30.000).

Vom Erholungsort Thürmsdorf, einem stillen Dörflein im Behnebachtal, führt diese kleine Wald-, Fels- und Panoramawanderung über die Bärensteine, eine aussichtsreiche Doppelkuppe links über dem Rathener Elbbogen.
Bei der Bushaltestelle **Thürmsdorf**-Ortsmitte (hier auch eine Wegübersichtstafel) geht neben dem Café-Restaurant der mit »Rotpunkt« markierte Weg zum Kleinen Bärenstein ab. Er mündet nach kurzem Aufstieg auf die Straße Struppen – Rathen, der wir kurz rechts folgen, bis die Rotpunkt-Markierung an Wegweisern links Richtung »Götzingerhöhle – Kleiner Bärenstein« abzweigt. Nach wenigen Minuten erreicht der Weg die **Götzingerhöhle**, eine Einsturzhöhle, die ursprünglich Diebshöhle hieß und im ausgehenden 19. Jh. nach dem in Struppen geborenen Pastor Wilhelm Leberecht Götzinger (1758–1818) benannt wurde, dessen Reisebücher wesentlich dazu beitrugen, die Schönheiten der Sächsischen Schweiz bekannt zu machen. Ein bei der Höhle in den Felsen

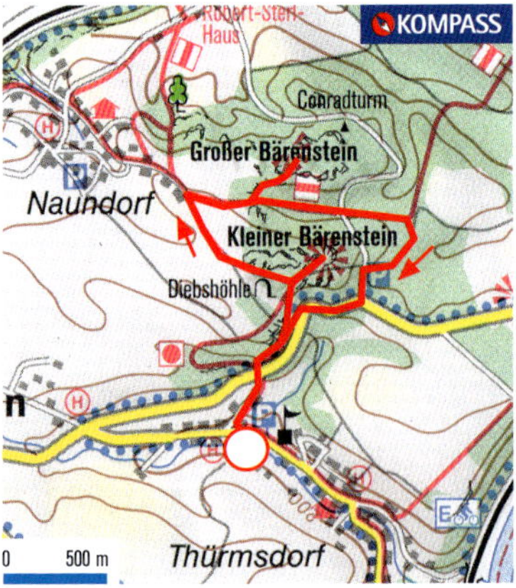

Blick vom Rauenstein zu den Bärensteinen.

gehauenes Kreuz bezeichnet den **Jungfernsprung**: Eine von Kriegsgesindel verfolgte junge Frau soll sich im Dreißigjährigen Krieg hier vom Felsen gestürzt haben. Steil führt der teils »getreppte Steig« von der Höhle aufwärts, ehe an einem Wegweiser der unmarkierte Abstecher auf den aussichtsreichen **Kleinen Bärenstein** beginnt (Beschreibung siehe Seite 19).

Vom Bärenstein kehren wir zurück zum Rotpunkt-Steig, verlassen den Wald und wandern aussichtsreich durch Wiesen zum Ortsrand von **Naundorf** hinab. Dort wechseln wir rechts auf den Rotstrich-Weg und halten in Wiesen auf den Wald zu. Am Waldrand zweigt links ein unmarkierter Pfad/Steig auf den **Großen Bärenstein** ab; der Gipfel bietet eine hübsche Aussicht hinüber zum Kleinen Bärenstein, hinter dem sich Lilienstein, Pfaffenstein und Königstein zeigen. Die Bezeichnung »Bärensteine« geht auf die Adelsfamilie Bernstein zurück, der im 16. Jh. die Güter Thürmsdorf und Struppen gehörten. Beim schlossähnlichen Herrenhaus des ehemaligen Ritterguts in Thürmsdorf befindet sich ein Landschaftspark.

Nach diesem Abstecher weiter dem Rotstrich-Weg folgend, durchwandern wir das bewaldete Trockental zwischen Großem und Kleinem Bärenstein. Am Waldrand verlassen wir den Rotstrich-Weg, zweigen rechts ab, an der nächsten Verzweigung wiederum rechts in den Wald hinein und wandern auf dem Lehmweg hinab zu einem Parkplatz an der schmalen, aber an sonnigen Wochenenden durchaus viel befahrenen Straße Struppen – Rathen. Ihr folgen wir im Wald abwärts, bis die bekannte Rotpunkt-Markierung auftaucht und zurück nach **Thürmsdorf** führt.

4

Lilienstein

Kurztour über den König der Steine

Ausgangspunkt: Parkplatz an der Kaiserstraße im Nordwestfußbereich des Liliensteins; die Kaiserstraße zweigt in Waltersdorf von der Straße Bad Schandau – Hohnstein ab.
Bahn/Bus: Wer mit der S-Bahn anreist, startet am Bahnhof Königstein. S-Bahnlinie Dresden – Königstein – Bad Schandau.

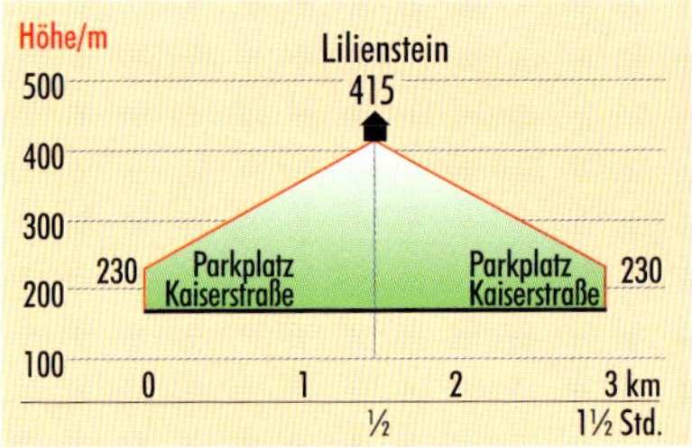

Gehzeit: 1½ Std.; davon ½ Std. auf den Lilienstein, ½ Std. verweilender Rundgang auf dem Gipfelplateau.
Charakter: Kurze, naturschöne, aussichtsreiche Felswanderung, zahlreiche Treppen, Stufen und Leitern.
Einkehr: Lilienstein.
Karte: KOMPASS Nr. 810, 799.

Diese naturschöne Kurzwanderung führt über den markantesten »Stein« des Elbsandsteingebirges. Die schönste Annäherung an diesen »König der Steine«, der eines der umfassendsten Panoramen des Gebirges ermöglicht, erfolgt von Rathen aus (Tour 5), während der Waldparkplatz an der Napoleon- oder Kaiserstraße auch für Familien mit kleinen Kindern als Startpunkt geeignet ist. Man sollte an sonnigen Tagen frühzeitig aufbrechen, da sich der große, unbewachte Parkplatz (kostenfrei) vor allem an Wochenenden spätestens am Vormittag restlos gefüllt hat. Die meisten gehen am oberen Ende des Parkplatzes los und steigen durch die sonnige Südseite auf, die auch von Kletterern rege frequentiert wird.

Am unteren Ende des **Parkplatzes** beginnt ein für den öffentlichen Verkehr gesperrter Wirtschaftsweg, der als Zugangsroute zum EB (»Blaustrich«) und zum »Nordaufstieg« ausgeschildert ist. Aussichtsreich führt er am Waldrand entlang und mündet an der ersten Wegkreuzung (Sitzbank) auf den von links heraufführenden EB (= gleichlaufend mit dem E 3). Geradeaus geht es zur National-

Blick von der Basteibrücke zum Lilienstein (links).

park-Bildungsstätte Sellnitz, während der Fernwanderweg EB rechts in einen schönen, hallenartigen Wald hinaufführt.
Der **Franzosenborn** (Häherborn) soll in alten Zeiten den Leuten auf dem Lilienstein als Trinkwasserquelle gedient haben, seinen heutigen Namen verdankt er aber den napoleonischen Kriegen.
Im Wald wechselt der Blaustrich-Weg rechts auf einen mäßig steilen Fels- und Wurzelweg, teilweise Stufen und Treppen Bei einem mächtigen Felsklotz ermöglicht ein Felsvorsprung einen vorzüglichen Blick nach Rathen und zur Bastei sowie hinauf zur Hohburkersdorfer Höhe. Weiter geht es in wildromantischen Wald- und Felsszenerien, ehe Leitern mit hervorragender Aussicht auf das bewaldete Gipfelplateau des **Liliensteins** führen. Oben an der Verzweigung folgen wir dem Schild »Aussicht« zunächst links zum Osthorn und blicken elbaufwärts; zum weiteren Rundgang auf dem Lilienstein-Plateau siehe den Kasten Seite 33.
Von der **Felsgaststätte Lilienstein** folgen wir weiter der Blaustrich-Markierung des EB zur Senke, in der vor dem **Mulattenkopf** (Westhorn; sehr schöne Aussicht!) der Abstieg beginnt. Anfangs geht es mit phänomenaler Aussicht auf Leitern und Treppen, dann im Wald auf einem stufenreichen Serpentinenweglein abwärts. In den Felswänden erklingt das häufige Klappern und Rufen der Kletterer. Unten an der Verzweigung kurz vor dem Waldrand geht es rechts zurück zum **Ausgangspunkt** (ausgeschildert »Rathen«).

Rathen – Lilienstein

Beidseits der Elbe im Bann des Liliensteins

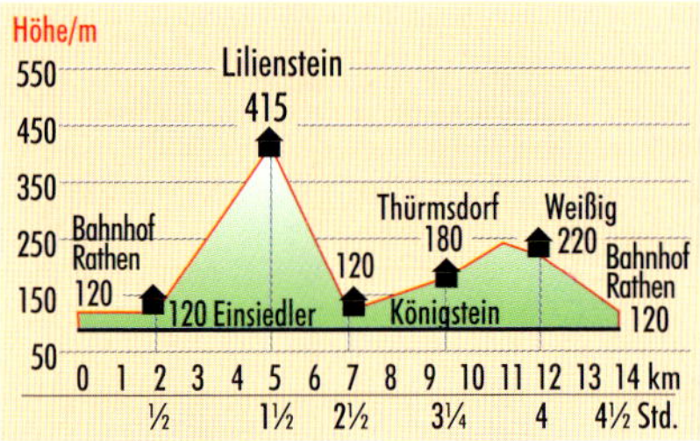

Ausgangspunkt: S-Bahnhof Kurort Rathen; Anfahrt auf der B 172 Dresden – Pirna, in Pirna abzweigen auf die Straße Richtung Struppen/Königstein und in Struppen abzweigen auf die Stichstraße nach (Ober-)Rathen.
Bahn: S-Bahn Dresden – Schöna.
Gehzeit: 4½ Std., davon 1½ Std. bis auf den Lilienstein, ½ Std. verweilender Rundgang auf dem Gipfelplateau, gut ½ Std. Abstieg nach Königstein. Rückweg ¾ Std. bis Thürmsdorf und ¾ Std. bis Weißig.
Charakter: Panorama-, Wald- und Felswanderung, mit Treppen und Stufen; ziemlich steiler Abstieg nach Königstein.
Einkehr: Oberrathen, Niederrathen, Ebenheit, Halbestadt, Königstein, Thürmsdorf, Weißig, Oberrathen.
Karte: KOMPASS Nr. 810, 799.

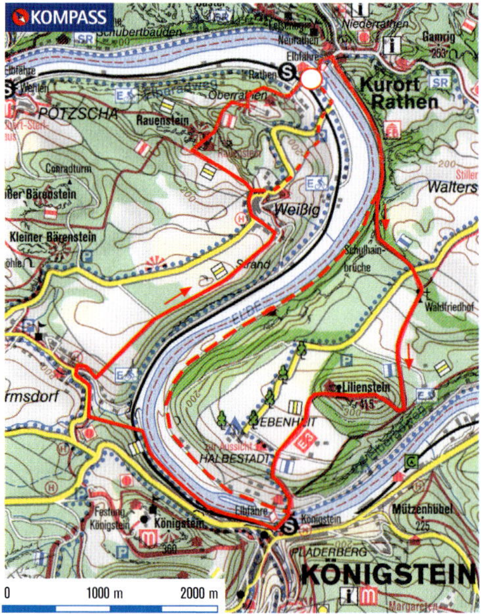

Vom Kurort Rathen führt diese herausragende Wald- und Panoramawanderung über den großartigsten Stein des Elbsandsteingebirges. In Königstein kann man mit der S-Bahn zurückfahren oder – wie vorgeschlagen – über dem linken Elbufer aussichtsreich zurückwandern.
Nach der Fährüberfahrt vom linkselbischen **Oberrathen** in das rechtselbische **Niederrathen** (vgl. Tour 10) folgen wir dem in die Elbe mün-

An der Fähranlegestelle in Niederrathen, unserem Startpunkt, ist der Lilienstein in Sicht.

denden Grünbach wenige Meter aufwärts und entdecken an der ersten Brücke die vom Lilienstein herüberführende Mark. »Blaustrich« des Internationalen Bergwanderwegs Eisenach – Budapest (EB); die EB-Markierung weist durchgehend bis Königstein die Route im Gleichlauf mit dem nicht gesondert ausgeschilderten Europäischen Fernwanderweg 3. Nach Überqueren des Grünbachs wandern wir auf dem **Kottesteig** (benannt nach einem Fremdenführer) Richtung Lilienstein, dessen mächtige Nordwand und Westkante (eine der längsten und schwierigsten Klettereien im Elbsandstein) herübergrüßt. Hinter dem Hotel »Elbschlösschen« verliert der Weg den Betonbelag und taucht in schönen alten Laubwald im Steilhang ein. Oberhalb des bequemen Waldwegs, dem auch der rechtselbische Strang des Elberadwegs folgt, türmen sich Wandfluchten, unten schimmert das Band des Flusses, und am Cafe **Einsiedler** (hier wechselt der Radweg unten auf einen ufernahen Pfad), das seinem Namen alle Ehre macht und vergleichsweise selten geöffnet hat, erwartet ein hervorragendes Rathen-Bastei-Panorama (Sitzbänke auf einem Hügel unter alter Kastanie). Nun führt der EB auf einer Steinstufenanlage hinauf in ein Waldtal und folgt ihm auf dem **Lottersteig** aufwärts zur **Napoleonstraße** (1813 während der napoleonischen Kriege ausgebaut). Hier mündet von links als dritter überregionaler Fern-

Blick von Königstein zum Lilienstein jenseits des Elbtals.

wanderweg der Wanderweg der deutschen Einheit (WDE) auf den EB. Aussichtsreich wandern wir auf der gemeinsamen Route von EB, E3 und WDE geradeaus zwischen Wiesen und Feldern, zweigen bei den Panoramasitzbänken am Waldrand rechts auf den Kirchweg ab, passieren einen kleinen Friedhof und erblicken das Westhorn des Liliensteins. Bei einer Sitzbank in hallenartigem Wald beginnt der **Nordaufstieg** auf einem mäßig steilen Fels- und Wurzelweg, ehe Leiterpassagen mit hervorragender Aussicht auf das bewaldete Gipfelplateau des **Liliensteins** führen (siehe Tour 4). Bei der **Felsgaststätte Lilienstein** beginnt der Abstieg, anfangs aussichtsreich, dann im Wald, den wir unten mit prachtvollem Blick auf die Festung Königstein verlassen. Auf einem Schotterweg wandern wir aussichtsreich durch die Felder – rechts die Pappeln der Napoleonstraße – nach **Ebenheit** hinab. Beim Blick zurück zeigen sich über den Wäldern die schwarzen Felsen des Liliensteins. Vor dem Hotel »Lilienstein« wenden wir uns links und gleich rechts und steigen in Wiesen und im Wald recht steil hinab zum Fähranleger in **Halbestadt**, wo der Landgasthof »Müller« zur Einkehr lädt. Am Fähranleger besteht die Möglichkeit, auf dem anfangs gut ausgebauten, später dann pfadartigen rechtselbischen Seitenstrang des Elberadwegs via **Besenschänke** (Einkehr) zum Einsiedler zu wandern und dann auf der bekannten

Route nach Rathen zurückzukehren.
Wir setzen mit der Fähre über die Elbe nach **Königstein** über und stehen an der vielbogigen Eisenbahnbrücke an einer Verzweigung: Links geht es am Dampfschifffahrtsanleger vorbei zum Bahnhof, rechts steht ein Wanderwegweiser, an dem wir die Mark. »Gelbstrich« entdecken. Elbseitig führt sie am Königstein vorbei (»Kanonenweg«) in das kleine **Thürmsdorf** (zuletzt auf wenig befahrener Straße) und dann teils mit hervorragender Aussicht, teils im Wald an den **Eulensteinen** vorbei in den ebenfalls winzigen Ort **Weißig**, wobei auch während des Rückwegs der Lilienstein den Blickfang bildet. Wer in Weißig abkürzen will, kann auf der schmalen Straße kurz Richtung Rathen laufen und in der Linkskurve geradeaus auf den Panoramaweg wechseln, der zuletzt wieder auf die Straße mündet. Wer die Autofreiheit vorzieht, folgt in Weißig der Gelbstrich-Markierung wenige, aussichtsreiche Minuten Richtung Rauenstein: An der Verzweigung am Waldrand rechts abzweigen – der Rotstrich führt zurück nach **Rathen**.

Lilienstein

Wer auf dem Lilienstein steht, erlebt – 300 m über dem Elbtal »schwebend« – eines der faszinierendsten und umfassendsten Panoramen des Elbsandsteingebirges. Das relativ weitläufige, an den Rändern tief zerklüftete Plateau weist zahlreiche Aussichtspunkte auf, von denen jeder einzelne den Aufstieg schon wert ist: auf dem Osthorn, beim Wettinobelisken und auf dem über einen Eisensteg erreichbaren, baumfreien Westhorn (ausgeschildert als »Mulattenkopf«). Im Norden zeigen sich die Brand- und Ochelwände, die Hohburkersdorfer Höhe bei Hohnstein, Stolpen und das Lausitzer Bergland, im Osten oberhalb von Bad Schandau die Schrammsteine und das Winterberggebiet sowie Tanecnice, Jedlová, Lausche, Rosenberg und weitere Berge mit klangvollen Namen in Tschechien. Südlich der Elbe die Tafelberge bis hin zu den beiden Zschirnsteinen sowie der Schneeberg, während im Westen das östliche Erzgebirge, der Cottaer Spitzberg, der Wilisch, der Borsberg mit dem Dresdner Elbtal und die Basteiwände den Rundblick beschließen.
Klar gegliedert in den steilen, bewaldeten, aus Sandsteinstufen bestehenden Fußhang, die Wandfluchten, Hörner, Klüfte und Überhänge der Felskrone und das senkrecht abstürzende, von einer dünnen Lösslehmauflagerung bedeckte, bewaldete Gipfelplateau, zieht der Lilienstein von allen Seiten den Blick auf sich. Seine Form ähnelt aus der Nord- und der Südperspektive der eines Schiffs, wobei das vom Plateau durch eine tiefe Kluft abgetrennte Westhorn den Bug bildet. Wie archäologische Funde belegen, wurden dieser Berg und sein von fruchtbarem Lösslehm bedecktes Vorfeld (die Ebenheit) schon in der Jungsteinzeit und der Bronzezeit aufgesucht. Während der kriegerischen Feudalzeit im Heiligen Römischen Reich trug er eine 1396 urkundlich erwähnte böhmische Befestigungsanlage, durch deren Reste der Wanderweg beim Gasthaus führt. Die zu dieser Zeit auftauchenden Schreibweisen Ylgenstein (1369) und Lilgenstein (1396), auf die der heutige Name zurückzuführen ist, haben zur Vermutung geführt, dass der Berg nach dem heiligen Ilgen (Ägidius), einem der Vierzehn Nothelfer, benannt ist.

6

Über die Bastei nach Rathen

Stiller Aufstieg zum bedeutendsten Aussichtspunkt

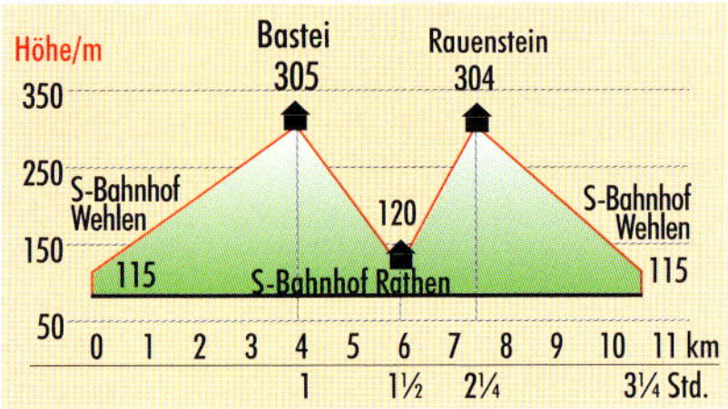

Ausgangspunkt: S-Bahnhof Stadt Wehlen in Pötzscha; Anfahrt auf der B 172 Dresden – Pirna, in Pirna abzweigen Richtung Neustadt, in Pirna-Copitz rechts abzweigen und via Mockethal und Dorf Wehlen nach Stadt Wehlen.
Bahn: S-Bahn Dresden – Schöna.
Gehzeit: 3¼ Std., davon 1 Std. Aufstieg zur Bastei, gut ½ Std. Abstieg nach Rathen, ¾ Std. Fährüberfahrt plus Aufstieg zum Rauenstein und gut 1 Std. zurück nach Pötzscha.
Charakter: Nördlich der Elbe bequeme Waldwanderung mit steilem, aussichtsreichem Abstieg; südlich der Elbe Treppen und Stufen über den Rauensteinkammweg.
Einkehr: Wehlen, Steinerner Tisch, Bastei, Niederrathen, Oberrathen, Laasenperle, Rauenstein.
Karte: KOMPASS Nr. 810, 761 (1:30.000).

Diese herrliche Wald-, Fels- und Panoramawanderung führt vom Erholungsort Stadt Wehlen auf einem vergleichsweise stillen Weg zur Bastei, dem wohl bedeutendsten Aussichtspunkt der Sächsischen Schweiz. Nach dem Abstieg zum Kurort Rathen geht es über den als anspruchsvoll geltenden Rauensteinkammweg linkselbisch zurück. Vom S-Bahnhof Stadt Wehlen in **Pötzscha** gehen wir hinab zur Elbe, setzen mit der Fähre in den Erholungsort **Stadt Wehlen** über und folgen der Asphaltpromenade elbaufwärts Richtung Rathen. Diesen (Rad-)Weg – kein Autoverkehr zwischen Wehlen und Niederra-

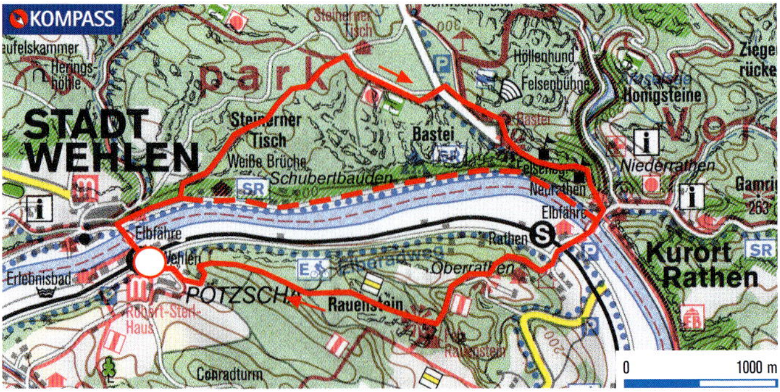

Blick von der Bastei über das Elbtal zu Rauenstein und Bärensteine sowie – ganz rechts – zum Ausgangspunkt (Stadt Wehlen).

then – kann man auch als Rückwegvariante benutzen. Beim Haus Nr. 33 zweigt links der pfadartige Weg in den **Schwarzberggrund** ab, durch den wir (ausgeschildert ist die **Schwarzbergaussicht** mit Blick auf die Elbe) hinauf zur autofreien Gaststätte am **Steinernen Tisch** wandern. Hier befindet sich eine Wegspinne, und der Wald wird belebter: Auf dem »Fremdenweg« wandern wir weiter Richtung »Bastei«, erreichen an einem Kiosk die Basteistraße (kein Autoverkehr) und folgen ihr rechts an Hotels, Kiosks usw. vorbei zum großartigen Aussichtspunkt **Bastei** hoch über der Elbe.

Von der Bastei leitet die Blaustrich-Markierung des EB (wie bei Tour 10 in gegenläufiger Richtung geschildert) aussichtsreich und steil hinab nach **Niederrathen**. Unten vor dem Fähranleger besteht die Möglichkeit, rechts auf der Promenade zurückzuwandern. Mit der Gierseilfähre setzen wir nach **Oberrathen** über, gehen zum Bahnhof hinauf (direkte Zugverbindung zurück zum Ausgangspunkt) und folgen der Mark. »Rotstrich« aussichtsreich (teilweise Treppen) an den Laasensteinen vorbei, bis die Gelbstrich-Markierung rechts hinauf zum **Rauenstein** abzweigt (Stufen). Auf dem aussichtsreichen Rauenstein lädt ein Gasthaus zur Einkehr. Vom Rauenstein folgen wir dem Rauensteinkammweg in teils steilen Auf- und Abstiegen (Brücken, Leitern, Stufen) über das zerklüftete Felsmassiv (vgl. Tour 2). Nach dieser »Kletterpartie« wird der Weg wieder bequemer, die Gelbstrich-Markierung leitet über den bewaldeten **Gansrücken** und hinab nach **Pötzscha**.

Bastei

Die Felskanzel der Bastei erhebt sich 194 m über der Elbe, ist aber nur 130 m entfernt von ihr und bietet in dieser exponierten Höhe eines der schönsten Panoramen der Sächsischen Schweiz. Nahezu alle bekannten Berge und Steine des Elbsandsteingebirges sind in Sicht. Seit der Entdeckung der Sächsischen Schweiz durch die Romantiker um 1800 zählt die auf drei Seiten senkrecht abstürzende, geländergesicherte Kanzel zu den meistbesuchten Glanzpunken des Elbsandsteingebirges. Bereits 1816 wurde eine Schankstätte eröffnet, heute befindet sich hier ein Komplex aus Gaststätten, Hotel und Souvenirkiosks.

7

Durch die Wehlener Gründe

Romantische Schluchtenwanderung bei Wehlen

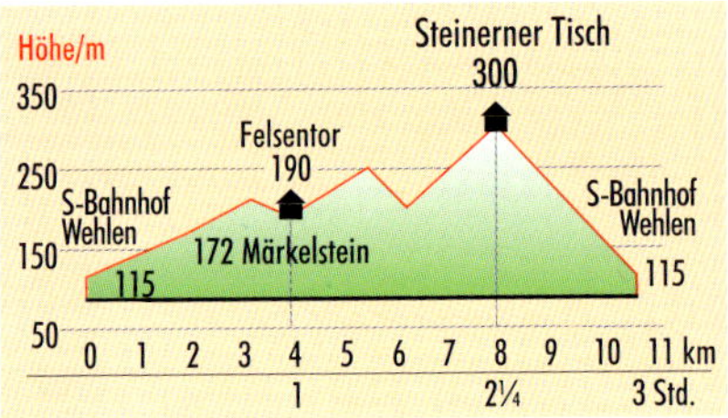

Ausgangspunkt: S-Bahnhof Stadt Wehlen in Pötzscha; Anfahrt auf der B 172 Dresden – Pirna, in Pirna abzweigen Richtung Neustadt, in Pirna-Copitz rechts abzweigen und via Mockethal und Dorf Wehlen nach Stadt Wehlen.
Bahn: S-Bahn Dresden – Schöna.
Gehzeit: 3 Std., davon 1 Std. zum Felsentor, 1¼ Std. zum Steinernen Tisch und knapp 1 Std. zurück zum Ausgangspunkt.
Charakter: Schluchtenwanderung, die festes Schuhwerk erfordert. Da die Route mehrfach von einem Grund in den anderen wechselt, sind auch mehrere kurze, steile An- und Abstiege (gestuft) zu bewältigen.
Einkehr: Wehlen, Waldidylle, Steinerner Tisch.
Karte: KOMPASS Nr. 810, 761 (1:30.000).

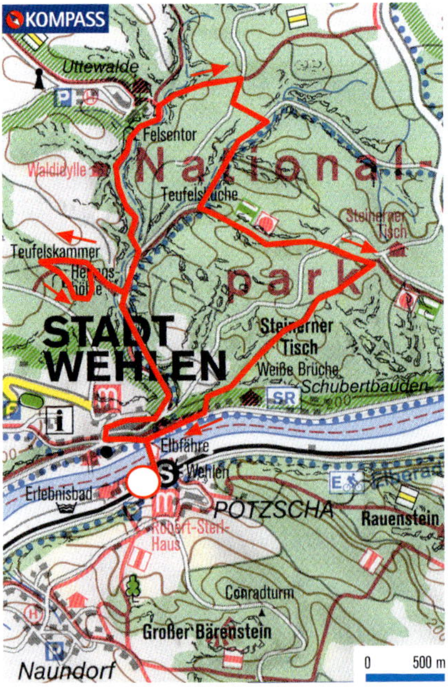

Diese sehr beeindruckende Schluchtenwanderung führt durch einige der »altberühmten« Felsgründe, die dank ihrer damaligen Kulturferne den Romantikern als Quelle der Begeisterung dienten.

Vom **S-Bhf. Stadt Wehlen** im linkselbischen Ortsteil **Pötzscha** geht es hinab zur Elbe und mit der Personenfähre hinüber in den Erholungsort **Stadt Wehlen**, wo der Pflanzengarten und die aussichtsreiche Burgruine lohnenswerte Abstecher bilden, ehe die Markierung »rote Scheibe« vom Marktplatz hinauf in den **Wehler Grund** leitet. Der geteerte Wanderweg verläuft zwischen den

Überall entlang der Elbe – wie hier bei Pötzscha – lässt sich aussichtsreich wandern.

himmelhoch aufragenden Felsen. In den Hängen streben Buchen, Ahorne und bis zu 40 m hohe Altfichten zum Licht. Das mit Platten ausgelegte Bachbett liegt meist trocken, da das Niederschlagswasser im durchlässigen Sandstein versickert, nach heftigen Regengüssen und bei der Schneeschmelze können jedoch große Wassermassen durch den Wehlener Grund tosen. Am **Märkelstein** verlassen wir den Asphaltweg und folgen der Mark. »Gelbstrich« in den wildromantischen **Teufelsgrund**. Der zur Zeit der Romantik aufgekommene Name verweist auf die »Erschröcklichkeiten« in diesem klammartigen Grund: Der teilweise gestufte Pfad/Steig windet sich zwischen eng stehenden, bemoosten Felswänden. Unter Felsüberhängen muss man den Kopf ebenso einziehen wie unter Felstoren, die von herabgestürzten Felsblöcken gebildet werden, stellenweise kommt man nur gebückt vorwärts.

In der **Teufelskammer** finden sich ausgeprägte Strudellöcher. Zuletzt führen Stufen aufwärts, oben wenden wir uns links und steigen wenig später steil links durch die unwegsame **Teufelsschlüchte** ab. In dieser von Süden in den Teufelsgrund einmündenden kurzen Klamm öffnet sich die **Heringshöhle**, eine ausgewaschene Klufthöhle, deren Boden herabgestürzte Felsblöcke bedecken.

Nach diesem Abstecher kehren wir zurück zum Asphaltweg im Wehlener Grund und folgen ihm weiter aufwärts. An der nächs-

Auf einer teilweise geländergesicherten Stufenanlage verlässt der Bruno-Barthel-Weg oberhalb des Felsentors den Uttewalder Grund.

ten Verzweigung biegen wir links auf den ungeteerten, bequemen Waldweg in den imposant von senkrecht aufragenden Felswänden flankierten **Uttewalder Grund** ab (Mark. »Grünstrich«) und finden in der Gaststätte **Waldidylle** eine autofreie Einkehrmöglichkeit rechts der durch herabgestürzte Felsblöcke entstandenen **Teufelsküche** und des an einer Engstelle des Grundes durch einen Klemmblock über dem Weg gebildeten **Uttewalder Felsentors**. Kurz oberhalb des Felsentors verlassen wir den Uttewalder Grund rechts auf dem Bruno-Barthel-Weg (Markierung »Gelbstrich«), der anfangs steil und gestuft durch die Felsflanke führt, dann als pfadartiges Weglein still durch den Wald auf einer Hochfläche zwischen den Gründen leitet und schließlich auf einen Wirtschaftsweg (den ersten) mündet. Während der Bruno-Barthel-Weg diesem Weg kurz aufwärts folgt, gehen wir kurz abwärts (Richtungsschild »Wehlen«) und zweigen links ab auf einen Pfad, der hinab in den **Kohlgrund** führt. In diesem imposanten Felsgrund wandern wir auf dem Teerweg abwärts und biegen an der ersten Verzweigung links hinauf in den ebenso großartigen **Höllengrund** ab (rechts kann man durch den Zscherregrund nach Wehlen abkürzen). Ein ungeteertes, steiniges, mit »rote Scheibe« markiertes Weglein führt zwischen grün bemoosten Felswänden und an der **Schiefertafel** (große Sand-

Verdiente Rast auf dem Rückweg im naturschönen, von hohen Felsflanken umgebenen Höllengrund.

steinplatte) vorbei hinauf und erreicht bald nach der Kreuzung mit dem Steinrückweg (Wirtschaftsweg, der rechts hinab nach Wehlen führt) das Waldgasthaus **Steinerner Tisch** im Wald am Rand des Nationalparks. Am namengebenden steinernen Tisch fand 1710 ein kurfürstliches Hofessen statt; 1994 wurde der Tisch erneuert.
Bei klarer Sicht empfiehlt sich vom Steinernen Tisch aus auf jeden Fall der Abstecher zur nahen Bastei (15 Min.), ansonsten beginnen wir hier den Abstieg. Kurz vor dem Gasthaus zweigt dann von unserem Aufstiegsweg scharf rechts und recht steil der Schwarzbergweg ab und führt durch den **Schwarzberggrund** – oberhalb davon die **Schwarzbergaussicht** – nach **Wehlen** zurück.

Felsentor im Uttewalder Grund

Der windungsreiche, tief in den Sandstein eingeschnittene Uttewalder Grund bildete zur Zeit der Romantik den »Eingang« in die Sächsische Schweiz. Insbesondere das Felsentor im Uttewalder Grund ist für romantische Seelen und kunstgeschichtlich Interessierte ein Wallfahrtsziel geblieben:
Als naturverbundener Wanderer biwakierte und skizzierte Caspar David Friedrich im Jahr 1801 eine Woche lang im Uttewalder Grund. Eines der eindrucksvollsten Resultate dieser Woche ist sein »Felsentor im Uttewalder Grund« (um 1801).

In den Uttewalder Grund

Panoramen und Canyons

Ausgangspunkt: S-Bahnhof Kurort Rathen; Anfahrt auf der B 172 Dresden – Pirna, in Pirna ab Richtung Struppen und in Struppen abzweigen auf die Stichstraße nach (Ober-)Rathen.
Bahn: S-Bahn Dresden – Schöna.
Gehzeit: 4 Std., davon ca. 1 Std. auf die Bastei, 1 Std. zur Waldidylle, 1 Std. nach Rathewalde und 1 Std. zurück zum S-Bahnhof Kurort Rathen.
Charakter: Abwechslungsreiche Wald- und Schluchtenwanderung, zum Teil auf Steigen.

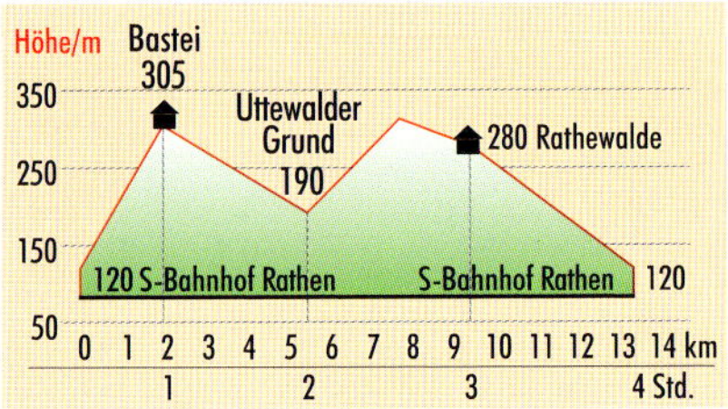

Einkehr: Oberrathen, Niederrathen, Bastei, Steinerner Tisch, Waldidylle, Rathewalde, Amselfall, Niederrathen, Oberrathen.
Karte: KOMPASS Nr. 810, 761 (1:30.000).

Diese abwechslungsreiche Panorama- und Schluchtenwanderung führt über die aussichtsreiche Felskanzel der Bastei, durch die Felsschluchten von Zscherre-, Höllen-, und Uttewalder Grund und in einem Panoramaspaziergang nach Rathewalde, wo der Abstieg durch den Amselgrund erfolgt.

Der Aufstieg von **Rathen** zur **Bastei** auf dem EB (zugleich E 3) erfolgt wie bei Tour 10. Von den Gaststätten und Shoppingeinrichtungen an der Bastei folgen wir der Zufahrt, bis bei einem weiteren Kiosk links der mit »rote Scheibe« und »Grünstrich« markierte Weg via Steinerner Tisch abzweigt. Als bequemer Waldweg führt er zur autofreien Gaststätte **Steinerner Tisch** (so benannt nach einem kleinen quadratischen Tisch, der hier zu Beginn des 18. Jh. für eine fürstliche Jagdgesellschaft aufgestellt – und 1994 erneuert

Kaskade des Grünbachs im oberen Amselgrund.

– wurde. Vom Steinernen Tisch führen die Mark. »rote Scheibe« und »grüner Strich« abwärts durch den großartigen **Höllengrund**. Während das Fels- und Wurzelweglein zwischen den Felsen des Höllengrunds naturbelassen ist, mündet am Beginn des **Zscherregrunds** von rechts (aus dem Kohlgrund) ein Teerweg ein, der zwischen den noch höher und imposanter als im Höllengrund beidseits aufragenden Felswänden abwärts führt. An der nächsten Verzweigung verlassen wir den nach Wehlen hinabführenden Teerweg und biegen rechts in den **Uttewalder Grund** ein. Ein angenehmer Waldweg bringt uns an der **Teufelsküche** vorbei zur autofreien Gaststätte **Waldidylle**, dahinter verschmälert sich der Weg und erreicht das **Felsentor**.

Kurz oberhalb des Felsentors verlassen wir den Uttewalder Grund rechts auf dem Bruno-Barthel-Weg (»Gelbstrich«), der anfangs steil durch den Felshang (Stufen und Geländersicherung) und dann als pfadartiges Waldweglein in sachtem Anstieg zur Basteistraße hinaufführt, zuletzt aussichtsreich in den Feldern.

Der Basteistraße folgen wir kurz links und zweigen in der Linkskurve rechts auf einen Feldweg ab (exzellente Aussicht zum Großen Winterberg, zu den Schrammsteinen, zum Rosenberg, zum Zirkelstein, zum Lilienstein und zu weiteren markanten Höhen).

Auf dem Feldweg gelangen wir in das Kirchdorf **Rathewalde** und wandern nun am Restaurant Lindengarten vorbei in den **Amselgrund** und zurück nach **Rathen**.

Amselfall und Amselfallbaude

Im Amselfall stürzt der Grünbach über einen Felsvorsprung und ergießt sich als kristallklarer Tropfenvorhang vor einer 4 m hohen Höhle in den Amselgrund. Der Großteil des Wassers wird oberhalb in einem Teich gestaut, gegen eine geringe Gebühr öffnet der Wirt der Amselfallbaude die Schleuse, dann verschleiert nicht ein Tropfenvorhang die Höhle, sondern ein »echter« Wasserfall tost herab. Die 15 m tiefe und 2 m breite Einsturzhöhle, das Amselloch (nicht begehbar), weist am Boden und an den Wänden Strudeltöpfe und Auskolkungen auf. Der Wasserfall, die Höhle und die wildromantischen Felsszenerien am Amselfall inspirierten den Dresdner Schriftsteller Friedrich Kind zur Wolfsschluchtszene im Libretto für Carl Maria von Webers Oper »Der Freischütz« (1821). Im 1906 neu errichteten Gebäude der Amselfallbaude ist eine Informationsstelle des Nationalparks Sächsische Schweiz untergebracht.

9

Hohburkersdorfer Rundblick

Durch eine der berühmtesten Schluchten

Ausgangspunkt: S-Bahnhof Kurort Rathen; Anfahrt auf der B 172 Dresden – Pirna, in Pirna abzweigen Richtung Struppen und in Struppen abzweigen auf die Stichstraße nach Kurort Rathen.
Bahn: S-Bahn Dresden – Schöna.
Gehzeit: 3½ Std., davon 1¼ Std. nach Rathewalde und ca. 30 Min. weiter zum Hohburkersdorfer Rundblick.
Charakter: Abwechslungsreiche Schlucht- und Wiesenwanderung.

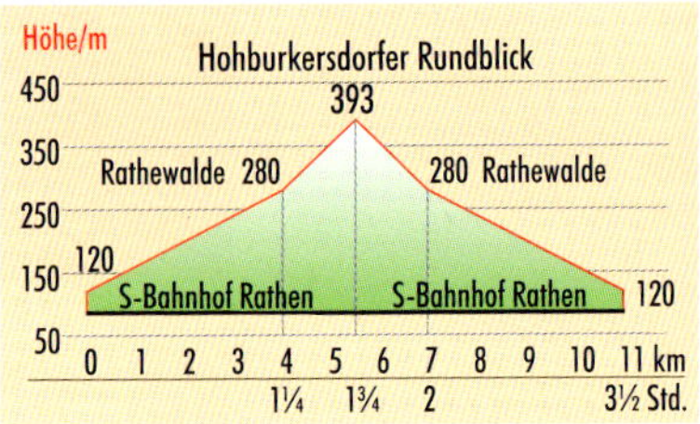

Einkehr: Oberrathen, Niederrathen, Amselfall, Lindenhof.
Karte: KOMPASS Nr. 810, 761 (1:30.000).

Vom Kurort Rathen führt diese Wanderung durch den romantischen Amselgrund zur Nationalparkinformationsstelle am Amselfall und hinauf nach Rathewalde,

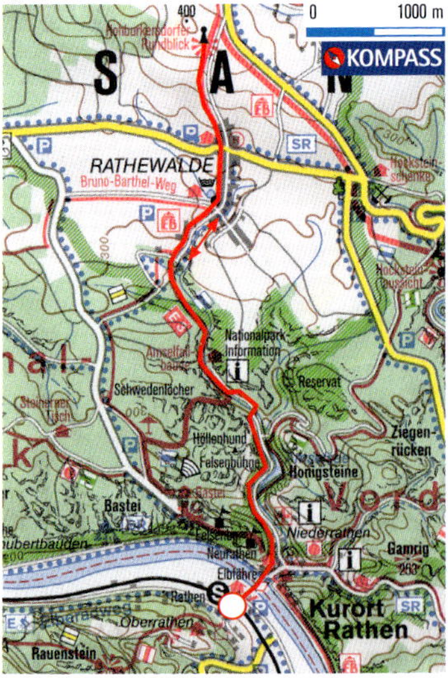

wo bei guter Sicht der weitere Aufstieg zum Hohburkersdorfer Rundblick an der Napoleonslinde zu empfehlen ist.
Wie bei Tour 11 wechseln wir mit der Gierseilfähre von **Oberrathen** nach **Niederrathen**, wandern im Grünbachtal geradeaus und biegen wenig später links hinauf in den ausgeschilderten Amselgrund ab. Am Kassenhäuschen der **Felsenbühne Rathen** bietet sich der kurze Abstecher in den **Wehlgrund** an, dann wandern wir am **Amselsee** entlang und folgen dem Grünbach im tief eingeschnittenen Tal auf dem bewaldeten Grund quellwärts. Wenn der Weg oberhalb der **Schwedenlöcher**-Abzweigung (hier mündet der mit »Blaustrich« markierte, von der Bastei herabführende EB auf unseren Weg) mehr ansteigt, beginnt der Grünbach in Kaskaden über das Block-

Die Amselfallbaude inmitten einer eindrucksvollen Felsszenerie.

werk zu tanzen, und wir erreichen die **Amselfallbaude** am **Amselfall**.

Bis hier ist der Weg promenadenartig bequem, nun verengt sich das Grünbachtal zu einer klammartigen Schlucht. Steiler führt der geländergesicherte EB im Felsenhang aufwärts, während rechts unten der Grünbach plätschert, der sich nach starken Regengüssen in ein tosendes Wildwasser verwandeln kann. An den Ruinen der **Rathewalder Mühle** erhält der Steig anstelle des angenehmen Fels- und Waldbodens einen bei Nässe vor allem im Abstieg rutschig-glitschigen Kopfsteinpflasterbelag und erreicht wenig später am oberen Ansatz des Grundes die **Gaststätte Lindengarten**. Von hier führt der EB an der Kirche vorbei aufwärts, quert die Straße Lohmen – Hohnstein und führt auf einem Feldweg aussichtsreich zum **Hohburkersdorfer Rundblick** hinauf. Orientierungstafeln benennen die Punkte im Blickfeld.

Beim **Rückweg** folgen wir derselben Route durch den Amselgrund zurück nach Rathen.

Hohburkersdorfer Rundblick

Der Hohburkersdorfer Rundblick auf einer waldfreien, allseits sanft abdachenden Granitrandhöhe im Norden des Sandsteingebirges zählt zu den besten Aussichtsstellen des Landkreises Sächsische Schweiz. Er vermittelt ein umfassendes Panorama der erodierten Sandsteintafel der Sächsischen Schweiz, des Osterzgebirges und der Böhmischen Schweiz, im Westen ist das Elbtal bei Dresden erkennbar, während sich im Norden und Osten das Lausitzer Bergland erstreckt. Der an einer aus Linden und Pappeln gebildeten Baumgruppe von nahezu allen Höhen des Elbsandsteingebirges deutlich erkennbare Panoramapunkt trägt zwei Aussichtskanzeln mit Orientierungstafeln, die die markanten Punkte im Blickfeld benennen.

Über die Bastei in den Amselgrund

Klassiker zum beliebtesten Panoramafelsen

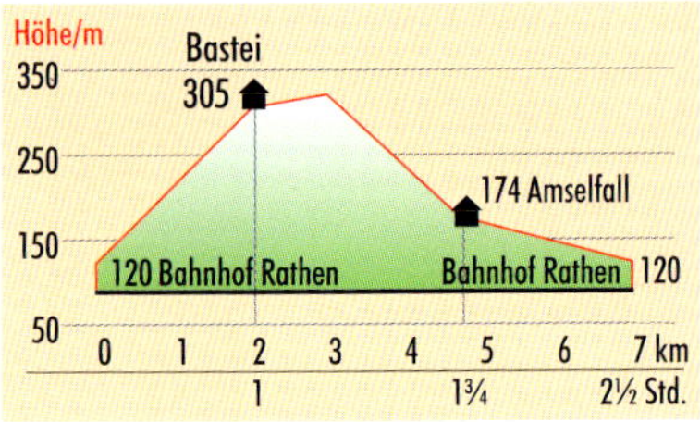

Ausgangspunkt: Bahnhof Kurort Rathen; Anfahrt auf der B 172 Dresden – Pirna, in Pirna abzweigen Richtung Struppen/Königstein, dort abzweigen auf die Stichstraße nach Kurort Rathen.
Bus: S-Bahn Dresden – Schöna.
Gehzeit: 2½ Std., davon ca. 1 Std. Aufstieg zur Bastei und ¾ Std. bis zum Amselfall.
Charakter: Abwechslungsreiche Panorama- und Felswanderung, teils auf Steiganlagen.
Einkehr: Oberrathen, Niederrathen, Bastei, Amselfall.
Karte: KOMPASS Nr. 810, 761 (1:30.000).

Diese landschaftlich großartige Panorama- und Felsrundwanderung im Nationalpark Sächsische Schweiz führt zur Felsenburg Neurathen, zur Bastei und durch die Schwedenlöcher in den Amselgrund und vermittelt ein derart geballtes Maß an natürlicher Schönheit und kulturellen Sehenswürdigkeiten sowie einen so außergewöhnlichen Überblick über das Elbsandsteingebirge, dass sie sich hervorragend als »kurze« Einsteigertour eignet. Da die Bastei als einer der schönsten Aussichtspunkte erheblichem Besucherandrang ausgesetzt ist, ist ein frühzeitiger Aufbruch anzuraten. Niemand sollte den Ehrgeiz entwickeln, so schnell wie möglich oben an der Bastei anzukommen: Gleichgültig wie früh man aufbricht, oben drängen sich schon die Reisebus- und Autotouristen.

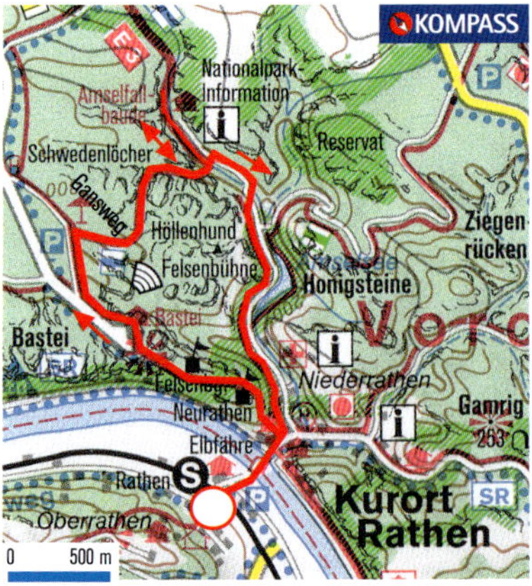

Stattdessen sollte man die Tiedgeaussicht, den schönen Weg und auch die weiter oben gelegene Kanapee-Aussicht so lange wie möglich genießen – am frühen Vormittag lassen sich diese Stellen ohne Massentourismus erleben.

Am Fähranleger in Oberrathen ist die Aufstiegsroute bis zur Bastei (links) in Sicht. Rechts im Hang Burg Altrathen.

Nach der Fährüberfahrt (siehe Tour 11) von **Oberrathen** nach **Niederrathen** folgen wir dem Grünbach geradeaus aufwärts und entdecken an der ersten Brücke die vom Lilienstein herüberführende Mark. »Blaustrich« des EB (bis zum Amselfall gleichlaufend wie der – nicht ausgeschilderte – E 3).

An der Gaststätte »Sonniges Eck« zeigt der Wegweiser »Bastei« links hinauf (Amselgrund), gleich darauf geht es halb links auf einen promenadenartig mit Platten ausgelegten, geländergesicherten Weg (Richtung »Bastei«), der zunächst aussichtsreich aufwärts führt – rechts zeigt sich der monumentale Talwächter-Felsen – und dann in Laubwald eintaucht. An der Nationalparkgrenze mündet von rechts ein von der Felsenbühne heraufführender Weg ein, wir wandern auf dem EB geradeaus aufwärts im Wald und gelangen links hinauf zu den Felsen, wo wir an der Abbruchkante unten zwischen den Bäumen das Band der Elbe schimmern sehen. Gleich darauf verzweigt sich der Weg, links geht es geländergesichert zum ersten grandiosen Aussichtspunkt der Wanderung am **Tiedgestein** (Rosenbettfels), benannt nach dem Romantikdichter Christoph Tiedge (»Urania«). Von der schmalen, geländergesicherten Felskanzel blicken wir hinab auf die Elbe, dahinter zeigen sich die höchsten Berge des Elbsandsteingebirges (am markantesten der kegelförmige Rosenberg) sowie die berühmtesten Steine, von links Lilien-, Pfaffen- und Königstein.

Schwedenlöcher

Der seit dem Dreißigjährigen Krieg »Schwedenlöcher« genannte Blanke Grund ist ein steil von der Basteihochfläche zum Amselgrund hinabführendes System aus klammartigen Schluchten, Felskesseln (»Löchern«) und zum Teil tunnelartigen Felsgassen. Der Abstieg durch diese zerklüftete Felslandschaft mit ihren grün leuchtenden Moosen und phosphoreszierenden Schwefelflechten erfolgt fast durchgehend auf Holzbohlen, Eisenleitern und Stegen. Benannt ist das Gebiet nach den »Löchern«, in denen die Rathener Bevölkerung während des Dreißigjährigen Kriegs im Jahr 1639 Zuflucht vor brandschatzender schwedischer Soldateska suchte. 1706 im Nordischen Krieg und 1945 am Ende des Zweiten Weltkriegs dienten die Schwedenlöcher erneut als Zufluchtstätte vor marodierendem Kriegsgesindel. Heute zählen die Schwedenlöcher, die im Jahr 1886 wandertouristisch erschlossen wurden, zu den meistbesuchten Ausflugszielen der Sächsischen Schweiz.

Dieses Panorama zeigt sich im weiteren Verlauf der Wanderung bis hinauf zur Bastei aus immer höherer Perspektive.

Von der Tiedgeaussicht kehren wir zurück zum EB, der am ehemaligen Pferdestall den einstigen unteren Zugang der Felsenburg Neurathen passiert und zwischen mächtigen Felsen aufwärts strebt. An der nächsten Verzweigung gelangen wir links hinauf zur geländergesicherten **Kanapee**-Aussicht, von der aus zusätzlich zum beschriebenen Tiedgepanorama die Bastei sowie der von einer als Wetterfahne fungierenden Mönchsfigur bekrönte **Mönch**-Felsturm in Sicht sind. Der Mönch war in die Felsenburg Neurathen als Wachturm einbezogen, der Wächter war im »Mönchsloch« postiert, einem nur 1,75 m hohen, 1 m breiten und 1,35 m tiefen Unterstand auf der Südseite.

Wenig oberhalb der Kanapee-Aussicht tangiert der EB das hinter einem Holzzaun verborgene Freilichtmuseumsareal der **Felsenburg Neurathen** und führt am Kassenhäuschen vorbei zum **Neurathener Felsentor**, das auf zahlreichen Gemälden und Radierungen der Romantik dargestellt ist (C. D. Friedrich, Ludwig Richter).

Von hier führt die 76,5 m lange **Basteibrücke** über die Felsschlucht der **Marter- bzw. Mardertelle** zur Basteihochfläche. Etwa in der Mitte der 1851 errichteten steinernen Rundbogenbrücke erhebt sich der gewaltige Felsen der **Großen Steinschleuder** (Alte Schanze), der in das Verteidigungssystem der Felsenburg einbezogen war: Auf seiner Gipfelfläche stand eine Wurfmaschine, mit der über 50 kg schwere (Sand-)Steinkugeln auf Angreifer katapultiert wurden; die Nachbildung einer mittelalterlichen Steinschleuder befindet sich im Felsenburgmuseumsgelände.

Am basteiseitigen Ende der Basteibrücke lohnt rechts der kurze Abstecher zum auf Stegbrücken und Stufen erreichbaren **Ferdinandstein**, auf dem der österreichische Kaiser gleichen Namens den prachtvollen Blick auf die Felsenburg mit der Großen Steinschleuder, zum Großen Wehlturm, zur Kleinen Gans und hinab in den Wehlgrund genoss.

Nach dem Abstecher zum Ferdinandstein geht es hinauf zur Felskanzel der **Bastei** (305 m), einem der schönsten Aussichtspunkte des Elbsandsteingebirges. Von der Bastei wandern wir nun an den Gastronomie- und Shoppingeinrichtungen vorbei und biegen dann rechts auf den bequemen Gansweg ab, der uns hinab zu den Schwedenlöchern führt.

Während der bequemen Promenade auf dem Gansweg lohnen die Abstecher zum **Wehlgrundblick** (Pavillonaussicht) auf der **Kleinen Gans** und zur **Höllenhundaussicht** (Tiefblick in den Raaber Kessel zwischen Kleiner und Großer Gans) auf der **Großen Gans**.

Dann beginnt der Abstieg durch die **Schwedenlöcher-Schlucht** in den **Amselgrund** (siehe Tour 9). Hier wendet sich der EB aufwärts und man erreicht nach nur wenigen Gehminuten die **Amselfallbaude** am **Amselfall**. Dort machen wir kehrt und wandern durch den Amselgrund am **Amselsee** und am Zugang zur Felsenbühne im Wehlgrund vorbei zurück nach **Niederrathen** und zum Anleger der Gierseilfähre.

Neben der Amselfallbaude rauscht der namengebende Wasserfall.

Von Rathen auf den Gamrig

Aussichtsklassiker in der Vord. Sächsischen Schweiz

Ausgangspunkt: S-Bahnhof Kurort Rathen; Ende der Linie Dresden – Schöna.
Gehzeit: Knapp 1½ Std., davon ¾ Std. auf den Gamrig.
Charakter: Bequeme Wald-, Fels- und Aussichtswanderung, am Gamrig Steiganlagen.
Einkehr: Oberrathen, Niederrathen.

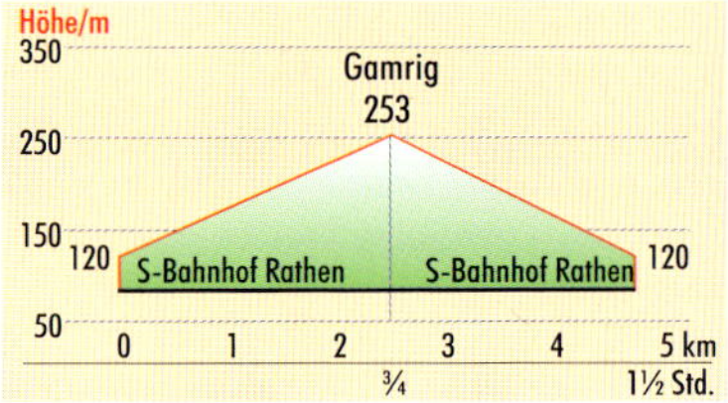

Karte: KOMPASS Nr. 761 (1:30.000).

Der Gamrig ist einer der attraktivsten Aussichtsfelsen der Vorderen Sächsischen Schweiz. Anders als viele andere Aussichtspunkte ist er nicht durch Geländer gesichert, weshalb Schwindelanfällige beim Überqueren der Kuppe in Schwierigkeiten geraten könnten.
Vom S-Bahnhof **Kurort Rathen** folgen wir der kleinen Straße kurz abwärts, biegen links in den Fährweg ein und gelangen mit exzellenter Aussicht zur **Gierseilfähre** an der Elbe. Der Fluss teilt den meistbesuchten Ort der Vorderen Sächsischen Schweiz in das linkselbische Oberrathen und das autofreie Niederrathen am Ausgang des Grünbachtals. Ein erstklassiges Panorama verkürzt die Wartezeit auf die zwischen Ober- und Niederrathen pendelnde Fußgänger- und Radlfähre, markanteste Punkte im Blickfeld sind Burg Altrathen, der Tiedgestein, der Mönch, die Steinschleuder und die Basteikanzel sowie elbaufwärts der Lilienstein.

Nach der Fährüberfahrt nach **Niederrathen** folgen wir dem Grünbach auf der autofreien, von Restaurants und Geschäften gesäumten Promenade geradeaus aufwärts, passieren die Amselgrund-Abzweigung (links) und einen Brunnen, an dem die bekanntesten Rathener Felsen bildhaft dargestellt sind (die Lokomotive als Lokomotive, das Lamm als Lamm usw.), und gelangen hinter Sondergenehmigungsparkplätzen zum **Haus des Gastes** (Tourist-Information). Hier zweigen wir links auf den **Füllhölzelweg** ab, der – mit »Rotstrich« markiert – hinter einem weiteren Sondergenehmigungsparkplatz in den Wald eintaucht.

Morgendlicher Nebelblick zu den Felsspitzen des Gamrig.

Schon bald zweigt in der Nähe einer Sitzbank rechts ein nicht ausgeschildertes, steiles Weglein ab, auf dem man den Gamrig erreichen könnte, wir folgen jedoch weiter dem Füllhölzelweg, passieren eine beschilderte Verzweigung (links »Hockstein 1 h«) und gelangen in dem nun rechts schwingenden Talgrund zum massigen **Rieckestein** (der erste markante Felsen links am Weg, hier eine Verzweigung). Wenig später verlassen wir den Rotstrich-Weg an der nächsten Verzweigung rechts (keine Ausschilderung), wechseln über eine Brücke und wandern im Wald steil hinauf zum Gamrig. Das auch zum Klettern (6 Kletterfelsen!) aufgesuchte Felsmassiv ist wegen seiner weichen Sandsteinschichten stark erosionsgefährdet, in den 90er Jahren erfolgte die Sanierung. Von der durch Stufen ausgewiesenen Aufstiegsroute soll zur Verhinderung weiterer Erosionsschäden nicht abgewichen werden. Vom Gamrig steigen wir zur straßenseitig am Fuße des Felsens ausgeschilderten **Gamrighöhle** ab.

Dann geht es aussichtsreich auf der für den öffentlichen Verkehr gesperrten Straße zurück nach Niederrathen und zur **Gierseilfähre**.

Gamrig-Aussicht

Der Gamrig bietet ein herausragendes Panorama: Im Vordergrund blicken wir über Rathen hinweg auf die Elbe, längs des Flusses schweift der Blick am diesseitigen Ufer bis hinab nach Stadt Wehlen (oberhalb die Weißen Brüche), während sich jenseits der Elbe das Felsriff des Rauensteins und die Doppelkuppen der Bärensteine zeigen. Besonders imposant ist der Blick auf die nahe Rathener Felsenwelt mit (von links) Bastei, Gansfelsen und Lokomotive. Ostwärts fällt der Blick auf die Hintere Sächsische Schweiz mit der Schrammsteinkette und dem Großen Winterberg, weiter unterhalb zeigt sich das Elbtal, der monumentale Lilienstein und jenseits des Flusses die Festung Königstein, im Osten schließlich sind die Spitzen der Felswände über dem Polenztal und der Brand sichtbar.

12

Von Rathen auf den Hockstein

Durch den Polenzcanyon

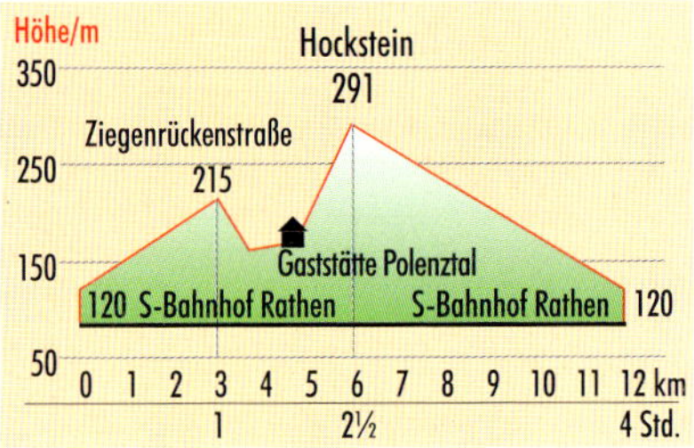

Ausgangspunkt: S-Bahnhof Kurort Rathen; Anfahrt auf der B 172 Dresden – Pirna, in Pirna abzweigen Richtung Struppen, in Struppen abzweigen auf die Stichstraße nach Kurort Rathen.
Bahn: S-Bahn Dresden – Schöna.
Gehzeit: 4 Std., davon 1 Std. zur Ziegenrückenstraße und 1 Std. bis zur Gaststätte am Fuß des Hocksteins; dann 30 Min. Aufstieg zum Hockstein, zurück knapp 1½ Std.
Charakter: Beeindruckende Canyon- und Waldwanderung; am Hockstein sind Trittsicherheit und Schwindelfreiheit erforderlich.
Einkehr: Oberrathen, Niederrathen, Polenztal, Niederrathen, Oberrathen.
Karte: KOMPASS Nr. 810, 761 (1:30.000).

Durch das autofreie Polenztal, einen der romantischsten Talgründe der Sächsischen Schweiz, führt diese Rundwanderung zum Hockstein, einem der faszinierendsten Aussichtsfelsen der Sächsischen Schweiz.

Von **Oberrathen** setzen wir wie bei Tour 11 mit der Gierseilfähre über die Elbe nach **Niederrathen** über, folgen der Promenade aufwärts zum **Haus des Gastes** und zweigen hier links auf dem **Füllhölzelweg** in den Wald ab (Mark. »Rotstrich«). Im tief eingeschnittenen Waldtal geht es sacht aufwärts. Im Tal fallen zum Teil riesige Altfichten auf, später bilden moosüberzogene Felswände die Talseiten, und der bequeme Weg erhält eine Geländersicherung. Oben auf dem **Ziegenrücken** queren wir die von napoleonischen Truppen 1813 errichtete **Ziegenrückenstraße** – rechts zeigt sich der Lilienstein –, folgen dem Rotstrich-Weg steil hinab in das Polenztal und sehen zwischen den Bäumen den mächtigen **Polenztalwächter**-Felsen. An der Verzweigung unten am Ende einer Holzstufenpassage gehen wir geradeaus weiter und folgen dem Polenztalweg neben dem Bach aufwärts. In kaum merklichem Anstieg folgt der Weg diesem wunderschönen Tal, das zwar beidseits von bis zu 130 m hohen Wandfluchten flankiert wird, aber dennoch licht und weit erscheint. Mehrfach finden sich schöne Wiesenstreifen längs des Ufers, an denen man rasten und dem Murmeln des Bachs lauschen kann. Schließlich lädt die **Gaststätte Polenztal** (Parkplatz) zur Einkehr. Hier sehen wir die von der Burgstadt Hohnstein herabführende Mark. »Blaustrich« des EB, folgen ihr kurz weiter aufwärts im Polenztal und wechseln dann mit dem EB links hinauf zum Hockstein, begleitet von den Tafeln des **Lehrpfads Hohnstein**. Nach 10 Min. Treppensteigen erreichen wir an einem nicht durchgehend gesicherten Felsband den Gipfelaufbau des Hocksteins, der Blick fällt über das Polenztal hinweg auf die Burgstadt Hohnstein. Nach einer Leiterpassage durch die schmale Wolfsschlucht, deren oberen Ausgang ein gotisierender Spitzbogen überhöht, stehen wir auf dem relativ kleinen, geländergesicherten Gipfelplateau, auf dem eine Schutzhütte zur Rast lädt. Wir verlassen den Gipfel auf der steinernen **Teufelsbrücke** (1821), passieren einen Erdwall, der von der mittelalterlichen Befestigung zeugt, und wenden uns an der Verzweigung links Richtung »Amselsee«. Als bequemer Waldweg führt der mit »Grünstrich« markierte Knotenweg hinab zu einem Parkplatz an der Ziegenrückenstraße und senkt sich dann stärker. Wenn der Knotenweg schließlich links abzweigt, wandern wir geradeaus auf dem Pionierweg und gelangen in den **Amselgrund** (vgl. Tour 9). Am **Amselsee** vorbei folgen wir dem Grünbach hinab nach **Niederrathen** und zum Fähranleger.

Hockstein

Der mehr als 150 m aus dem Polenztal an der Grenze zwischen dem Granit- und dem Sandsteingebirge aufragende Hockstein ist einer der faszinierendsten Aussichtsfelsen der Sächsischen Schweiz. Der EB führt aus dem Polenztal auf Stufen zum unteren Ansatz des hier überhängenden Gipfelaufbaus (blümelgrundseitig die stark versandete, 20 m lange und 6 m breite Hockstein- oder Wolfshöhle), dann auf einer Leiter durch die schmale Wolfsschlucht auf die allseits isoliert aufragenden, recht kleinen Gipfelflächen (durch Stege verbunden), die nordwärts einen guten Blick auf das granitische V-Tal, ostwärts auf die Burgstadt Hohnstein und südlich von Hohnstein in den Beginn des Sandstein-Canyons gewähren. Vor allem der durch keine technogenen Fremdkörper gestörte Blick auf die Felsen und Wälder des Sandsteinbereichs strahlt eine große Ruhe aus. Der EB verlässt den Gipfelbereich (Schutzhütte) über die steinerne Teufelsbrücke (1821), die im 19. Jh. ein beliebtes Motiv für Maler war.

Von Porschdorf durch das Polenztal

Imposantestes Schluchttal der Sächsischen Schweiz

Ausgangspunkt: Haltepunkt Porschdorf an der Bahnlinie Bad Schandau – Sebnitz. Gleich in der Nähe Bushaltestelle an der Linie Hohnstein – Bad Schandau.

Gehzeit: 4¼ Std., davon 1¾ Std. zur Gaststätte Polenztal und 1¾ Std. zum Brand.

Charakter: Hervorragende Tal-, Steilhang- u. Höhenwanderung, teils auf bequemen Wegen, teils auf Steigen (viele Stufen).

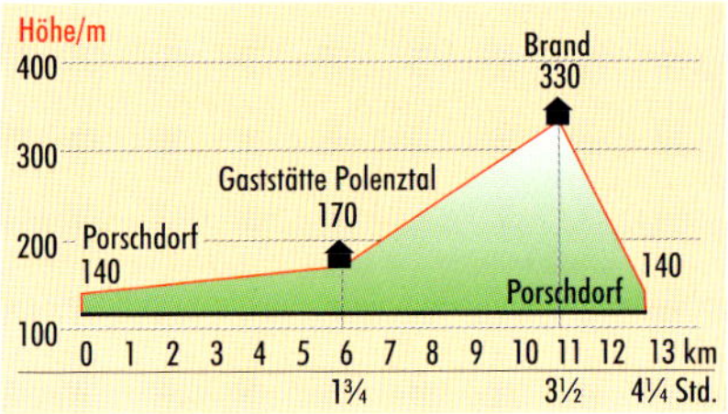

Einkehr: Polenztal, Brand.

Karte: KOMPASS Nr. 810, 761 (1:30.000).

Die Polenz hat unterhalb der Burgstadt Hohnstein einen der bedeutendsten Canyons des Elbsandsteingebirges ausgewaschen, er beeindruckt durch malerische Landschaftsbilder ebenso wie durch artenreiche Wälder. Von diesem Schluchttal führt unser Weg hinauf zur Brandaussicht, einem der besten Aussichtspunkte der Sächsischen Schweiz.

Der Haltepunkt **Porschdorf** der Sebnitztalbahn liegt im unteren Sebnitztal unweit der Stelle, an der sich Sebnitz und Polenz vereinigen und unter dem Namen Lachsbach der Elbe zufließen. Vom einsam gelegenen Bahnhof folgen die Markierungen »Rotpunkt« sowie »Blaustrich» (EB/E 3) der Zufahrtsstraße (Sebnitztalstraße) zur Bushaltestelle an der Straße Porschdorf – Hohnstein, folgen ihr kurz aufwärts Richtung Hohnstein und

Rast auf einem der zahlreichen »Treppensteine« an der Polenz.

trennen sich an der Ausmündungen des Tiefen Grunds. Während der vom Brand herabführende EB unsere Rückroute bildet, folgen wir der Rotpunkt-Mark. links hinauf in das Polenztal. Das hier weite Wiesental der Polenz wird bald rechts überragt von den mehr als 100 m hohen **Brandwänden**. An der **Waltersdorfer Mühle**, früher eine Ausflugsgaststätte, sind zu weilen Getränke erhältlich. Am rechten Ufer der Polenz führt der Weg weiter sacht aufwärts im nun enger werdenden und dennoch weiten Felsental und erreicht schließlich die **Gaststätte Polenztal**.

Hier schließen wir uns der Blaustrich-Mark. des EB an, steigen Richtung Hohnstein den Schindergraben aufwärts, verlassen den Fernwanderweg jedoch, sobald die mit »Grünstrich« markierte Brandpromenade (Halbenweg) in den Hang über dem Polenztal wechselt. An der **Gautschgrotte** vorbei schlängelt sich der Weg durch den felsigen Steilhang, ehe beim aufgelassenen Steinbruch bei der **Diebskeller**-Höhle der Räumichtweg (weiter »Grünstrich«) auf die Brandhochfläche hinaufführt, wo wir wieder auf den EB treffen. Ihm folgen wir auf der Brandstraße (Forstweg) rechts zur **Brandaussicht**, einem der sicherlich schönsten Aussichtspunkte der Vorderen Sächsischen Schweiz. Vom Brand führt der EB steil durch eine Felsschlucht, die mit über 800 Stufen, den **Brandstufen**, begehbar gemacht wurde, hinab in den **Tiefen Grund** (Bushaltestelle).

Von hier führt der EB längs der schmalen Straße unterhalb der imposanten Ochelwände zurück zum **Ausgangspunkt**.

14

Von Hohnstein zur Brandaussicht

Zum Balkon der Sächsischen Schweiz

Ausgangspunkt: Marktplatz in Hohnstein. Anfahrt auf der B 172 Dresden – Pirna, dort abbiegen Richtung Neustadt/Hohnstein.
Bahn/Bus: S-Bahn Dresden – Pirna, dort Bus nach Hohnstein
Gehzeit: 3 Std.; 1 Std. zum Brand und 1¼ Std. zur Gaststätte Polenztal.
Charakter: Bis zur Brandaussicht und erneut im Polenztal bequeme Waldwanderung, dazwischen steiler Ab- bzw. Aufstieg, teils Stufen und Treppen.

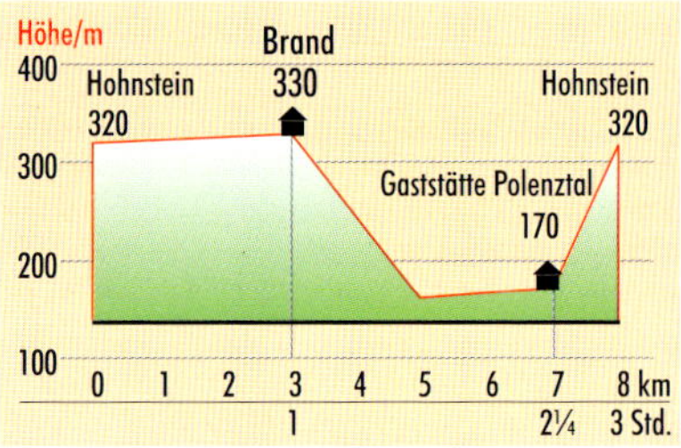

Einkehr: Hohnstein, Brand, Polenztal.
Karte: KOMPASS Nr. 810, 761 (1:30.000).

Von der Burgstadt Hohnstein führt diese Wald- und Schluchtwanderung zum Brand, einem der faszinierendsten Aussichtspunkte der Vorderen Sächsischen Schweiz.

Vom Marktplatz **Hohnstein** leitet die Blaustrich-Markierung des EB (zugleich E 3) auf der für den öffentlichen Verkehr gesperrten Brandstraße (Forstweg) südwärts und taucht am Ortsrand in die Wälder des Nationalparks ein.
Nach ¾ Std. erreicht der bequeme, weitgehend eben verlaufende Forstweg die Felsszenerien des **Brand**. Nach diesen großartigen Panoramen folgen wir dem EB ein kurzes Stück zurück und zweigen dann links (»Rotstrich«) in den **Schulzengrund** ab, eine der Schluchten, die sich von fast allen Seiten durch rückschreitende Erosion in die Brandhochfläche eingearbeitet haben. *Vorsicht:* Die von Pilzen besiedelten Altbuchen bilden eine po-

Verwitterungsvorgänge zaubern eindrucksvolle Wabenkrustenreliefs auf die Sandsteinfelsen.

tenzielle Gefahrenquelle (herabstürzende Äste). Im August 2000 wurde das Tal aus Sicherheitsgründen vorübergehend gesperrt. Weiter unten in diesem tief eingeschnittenen, stufenreichen Grund mit seinen naturnahen Wäldern erreichen wir eine Verzweigung, an der von rechts der von der Brandhochfläche herabführende Neuweg einmündet. Auf diesem kann man direkt nach Hohnstein zurückkehren, reizvoller ist jedoch der Weg durch das Polenztal. Wir folgen dem »Rotstrich« an der Einmündung des Neuwegs scharf links hinab in das Polenztal, überqueren den Gebirgsbach (die Waltersdorfer Mühle wird derzeit als Einkehrmöglichkeit nicht betrieben) und wandern im naturschönen Polenztal aufwärts zur **Gaststätte Polenztal**. Dort treffen wir wieder auf den »Blaustrich« des EB und folgen ihm steil durch den **Schindergraben** hinauf nach **Hohnstein**.

Rückweg-Variante: Über den Ort Waitzdorf (Einkehr!) mit seinen zwei schönen Ochel-Aussichten.

Die Brandaussicht

Der Brand ist ein Aussichtspunkt am riegelartig vorspringenden Ende der Brandhochfläche zwischen dem Tiefen Grund und dem Polenztal. Von der Aussichtsplattform stürzen die Felswände mehr als 100 m in das Polenztal hinab, einzig die Brandscheibe, ein Kletterfelsen, erhebt sich isoliert aus den geschlossenen Brandwänden. Ein weiterer Aussichtspunkt liegt östlich der Brandgaststätte: Hier stürzen die Brandwände über 100 m in das Tiefe Tal hinab, auf dessen Grund die Straße von Hohnstein nach Bad Schandau verläuft, gegenüber erheben sich die Waitzdorfer Wände und die Doppelkuppe der Waitzdorfer Höhe. Die Brandaussicht umfasst nahezu die gesamte Sächsische Schweiz, wobei im Mittelpunkt über der Waltersdorfer Ebenheit erhaben der Lilienstein steht. Im Osten zeigen sich der Große Winterberg, die Schrammsteinkette, Kaiserkrone und Zirkelstein, Gohrisch und Pfaffenstein mit der Barbarine sowie direkt links vom Lilienstein der Quirl; westlich des Liliensteins schließen sich der Königstein, die Bärensteine und der Rauenstein sowie der Gamrig und die Basteiwände an.

15

Über die Napoleonschanze zur Gautschgrotte

Traumhafte Aussicht und Eiszapfenhöhle

Ausgangspunkt: Marktplatz in Hohnstein. Anfahrt auf der B 172 Dresden – Pirna, dort abbiegen in Richtung Neustadt/Hohnstein.
Bahn/Bus: S-Bahn Dresden – Pirna, dort Bus nach Hohnstein.
Gehzeit: Knapp 3 Std., davon ca. ½ Std. zur Napoleonschanze und 2 Std. zur Gautschgrotte.
Charakter: Rundwanderung auf Wiesenpfaden, Wegen und Steigen, teils gestuft.

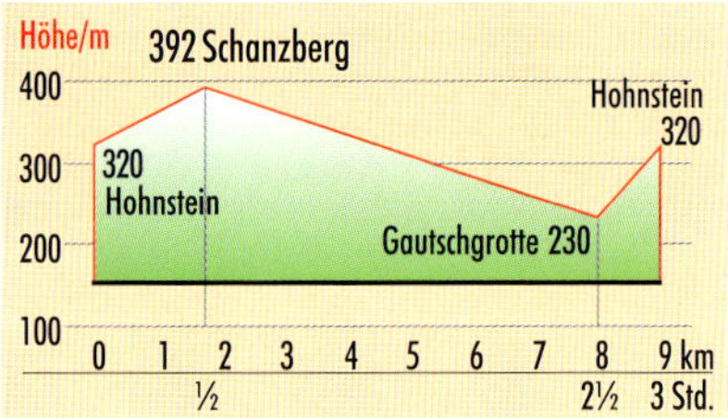

Einkehr: Keine unterwegs.
Karte: KOMPASS Nr. 810, 761 (1:30.000).

Über die aussichtsreiche Napoleonschanze führt diese abwechslungsreiche Wald- und Aussichtswanderung zu den Höhlen von Diebskeller und Gautschgrotte sowie zum Bärengarten. Die Infotafeln des Hohnsteiner Rundwegs erläutern Wissenswertes.

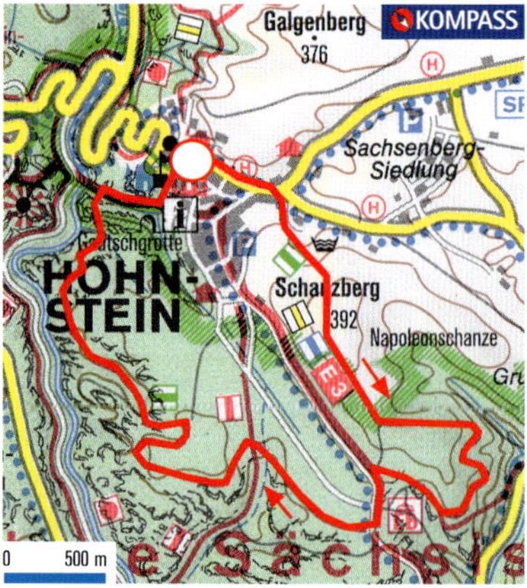

Vom Markt in **Hohnstein** leiten diverse Markierungen und Hinweisschilder in wenigen Minuten zum **Stadtbad** am östlichen Ortsrand, von wo die Mark. »Grünstrich« des Hohnsteiner Rundwegs auf die Granitkuppe des **Schanzbergs** führt. Die **Napoleonschanze**, eine 3–4 m hohe Wallanlage auf diesem Aussichtsberg, wurde im Jahr 1813 während der napoleonischen Kriege errichtet. Das Panorama umfasst nahezu alle Tafelberge der Sächsischen Schweiz, wobei sich am markantesten der Lilienstein präsentiert. Bald nach Verlassen des Schanzbergs tritt der Hohnsteiner Rundweg aus dem Granit in das Sandsteingebirge ein und führt als Weglein/Pfad durch die Wälder des Nationalparks, zuletzt in Begleitung der aus dem Tiefen Grund her-

Die Felswände des Polenztals und der Brand (links) sind von fast allen linkselbischen Höhen als markantes Landschaftszeichen sichtbar. Blick von der Aussichtskanzel beim Gasthaus auf dem Rauenstein, unten der Felsturm Nonne, rechts hinten spitzt der Rosenberg hervor.

aufführenden Gelbstrich-Markierung. An der Brandstraße, einem Forstweg, wenden wir uns links und folgen der Grünstrich-Markierung wenig später rechts hinab auf dem **Räumichtweg**, der in den Hang über dem tief eingeschnittenen Polenztal wechselt. Dort befindet sich bei einem aufgelassenen **Sandsteinbruch** der Diebskeller, eine bis zu 25 m breite Schichtfugenhöhle, neben der eindrucksvoll die Wabenverwitterung zu beobachten ist (Pfad). Der windungsreiche Weg, nun Halbenweg bzw. Brandpromenade genannt, schlängelt sich weiter durch den bewaldeten Felshang, in dem zahlreiche Kletterfelsen stehen, und erreicht im **Kalten Loch**, einer Seitenschlucht des Polenztals, die beeindruckende **Gautschgrotte** (kurzer Abstecher). Nach diesen Naturschönheiten erwartet mit dem ehemaligen **Bärengarten** in einer Schlucht unterhalb des Hohnsteiner Burgfelsens ein verfallenes Relikt (Mauerreste) des Absolutismus: Im Jahr 1609 ließ Kurfürst Christian II. von Sachsen hier eine Anlage zur Aufzucht von Bären errichten, um die Tiere bei Hetzjagden abschießen zu können. Bald nach Passieren des Bärengartens sind wir zurück in **Hohnstein**.

Gautschgrotte

Die Gautschgrotte ist eines der beeindruckendsten höhlenartigen Gebilde der Sächsischen Schweiz. Ein Felsüberhang von 40 m Breite überdeckt diesen 18 m hohen, gewölbeartigen Raum. Herabtropfendes Wasser an der Oberkante des Überhangs lässt in kalten Wintern bis zu 18 m hohe, tropfsteinartige Eissäulen entstehen, die sich großer Beliebtheit bei Wasserfallkletterern erfreuen. Benannt wurde die Höhle nach dem um die Erforschung der Sächsischen Schweiz verdienten Rechtsanwalt Karl Gautsch (Gedenktafel von 1881).

16

Von Hohnstein zur Bockmühle

Zu den Märzenbecherwiesen im oberen Polenztal

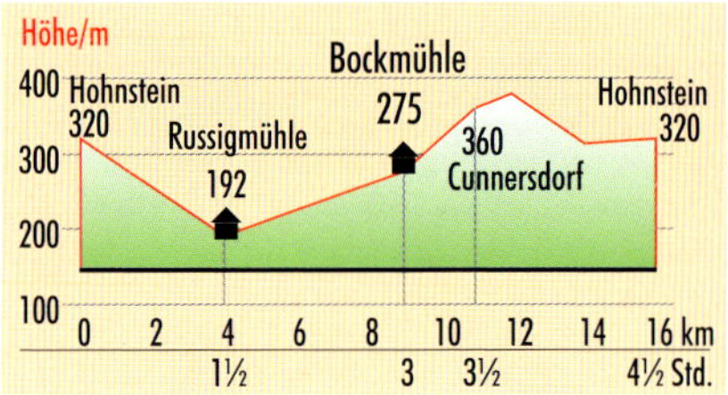

Ausgangspunkt: Marktplatz in Hohnstein. Anfahrt auf der B 172 Dresden – Pirna, dort abbiegen Richtung Neustadt/Hohnstein.
Bahn/Bus: S-Bahn Dresden – Pirna, dort Bus nach Hohnstein.
Gehzeit: 4½ Std., davon 1½ Std. bis zur Straße bei der Russigmühle, 1½ Std. bis zur Bockmühle und ½ Std. Aufstieg nach Cunnersdorf.
Charakter: Passagenweise steile, überwiegend jedoch bequeme Rundwanderung auf Wegen und Pfaden/Steigen.
Einkehr: Hohnstein, Russigmühle, Bockmühle.
Karte: KOMPASS Nr. 810, 761 (1:30.000).

Von der Burgstadt Hohnstein führt diese Wald- und Aussichtswanderung zu den Märzenbecherwiesen im naturschönen oberen Polenztal.

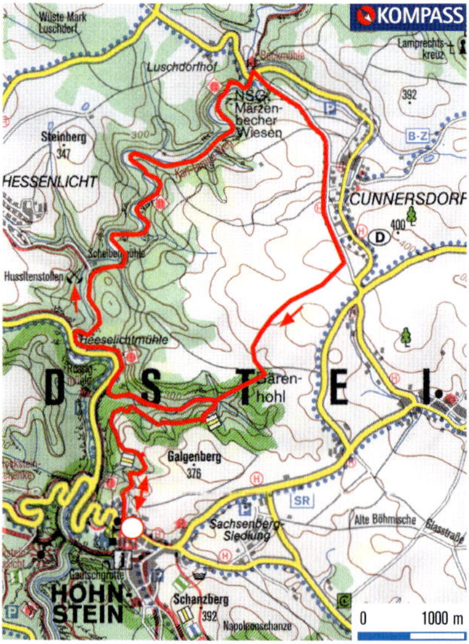

Vom Markt in **Hohnstein** leitet der mit »Gelbstrich« markierte Pechhüttenweg kurz abwärts im aussichtsreichen Hang über dem Polenztal – markanter Blickfang ist der aus dem Tal aufragende Hockstein – und schwingt dann auf einem naturnahen Weglein/Steig rechts in die bewaldete und von Bächen durchrieselte Talflanke (»Kälbersteig«). Nach dem Schlenker durch den **Bärenhohl**-Hang folgt der Kälbersteig dem **Bärenhohlflüsschen** abwärts in einem tief eingeschnittenen Waldtal, das in der Nähe der **Russigmühle** von der Straße Hohnstein – Heeselicht gekreuzt wird. Vom Gasthaus geht es auf einem Grasweg dann längs der unvermeidbaren Straße rechts zur **Heeselichtmühle** und auf einem Wirtschaftsweg in das obere Polenzal hinauf. Hinter der **Scheibenmühle** wandelt sich der Weg in einen naturnahen Pfad (Mark. »rote Scheibe«), der am Fuß des bewaldeten Steilhangs im Tal aufwärts führt (es gibt eine einzige Passage, die allzu Schwindelanfällige als ausgesetzt empfinden könnten) zu den **Märzenbecherwiesen**. An der **Bockmühle** (Einkehr) verlassen wir das Polenztal, folgen kurz der Straße Richtung Cunnersdorf und zweigen hinter dem Mühlengelände rechts auf den Teerweg ab, der aussichtsreich in Wiesen- und Feldflur nach **Cunnersdorf** hinaufführt. Parallel zu diesem lang gestreckten Waldhufendorf mit seinen teilweise gut erhaltenen Dreiseithöfen folgen wir dem Fahrweg am Ortsrand geradeaus aufwärts und biegen, wenn die Häuser linker Hand zurücktreten, auf den ersten Feldweg rechts ab. Ruhig führt der Weg am Liebensberg vorbei und in den **Liebensgrund**. Hier rechts zur Ecke des Waldes, sofort links auf einen unscheinbaren Pfad, der zum Bärenhohlflüsschen hinab führt und ihm abwärts folgt, bis der bekannte Kälbersteig wieder erreicht ist. Er führt zurück nach **Hohnstein**.

Anstatt über die Höhe zurückzuwandern, ist es für Familien mit (kleinen) Kindern am sinnvollsten, von der Bockmühle bei den Märzenbecherwiesen durch das Tal zurückzuwandern und in Heeselicht mit dem Bus zum Ausgangspunkt zurückzufahren.

Märzenbecherwiesen

In den 1967 unter Naturschutz gestellten Märzenbecherwiesen unterhalb der Bockmühle im Polenztal finden sich die bedeutendsten Märzenbecher-Wildvorkommen Sachsens. Im Frühjahr verwandeln die grünlich bespitzten, nickenden Blüten dieses geschützten (!) Narzissengewächses die Talwiesen in ein weißes Blütenmeer.

Die Märzenbecher im Polenztal bilden den größten Bestand dieser unter Naturschutz stehenden Frühjahrsboten in Sachsen.

17

Von Neustadt nach Hohnstein

Durch das obere Polenztal in die Sächsische Schweiz

Ausgangspunkt: Bahnhof Neustadt i. Sa. Anfahrt auf der B 6 Dresden – Bautzen und abzweigen via Stolpen nach Neustadt. **Bahn:** Mit dem »Sächsischen Semmering» (Bad Schandau – Sebnitz – Neustadt) direkt aus dem Elbsandsteingebirge nach Neustadt; außerdem Bahnlinie Pirna – Neustadt – Sebnitz/Bautzen.

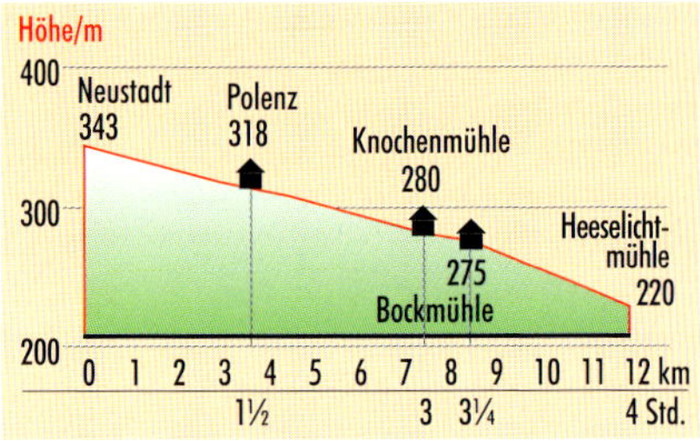

Gehzeit: 4 Std., davon 1½ Std. bis zum unteren Ortsrand von Polenz, 1½ Std. zur Knochenmühle, und 1 Std. zur Heeselichtmühle. **Charakter:** Landschaftlich hervorragende Talwanderung auf überwiegend bequemen Wegen, Pfaden und Straßen.
Einkehr: Neustadt, Polenz, Knochenmühle, Bockmühle, Heeselichtmühle (Russigmühle, Hohnstein).
Karte: KOMPASS Nr. 810, 761 (1:30.000).

Von Neustadt führt diese Streckenwanderung, die vor allem im Frühjahr zur Zeit der Märzenbecherblüte beliebt ist, durch das obere Polenztal in den Nationalpark Sächsische Schweiz. Am besten übernachtet man am Zielort Hohnstein (auf dem Berg oder im Polenztal möglich) und wandert dann durch den Polenzcanyon weiter (Tour 13). Der aus der Wanderperspektive attraktivste Abschnitt des oberen Polenztals, durch das auch der Wanderweg der deutschen Einheit (WDE) führt, erstreckt sich zwischen Polenz (Bushaltestelle) und Heeselichtmühle (Bushaltestelle). Der Ausgangsort, die Stadt **Neustadt i. Sa.**, liegt an der Polenz am Fuß des sagenumwobenen Hohwalds und des Ungerbergs. Verwaltungsmäßig gehört sie zum Landkreis Sächsische Schweiz, geologisch liegt sie im Granodiorit des südlichen Lausitzer Berglands, und in

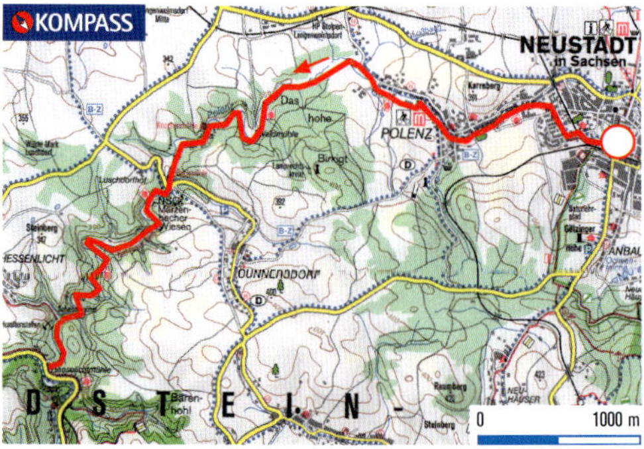

Der Wechsel von Wald und farbenfrohen Wiesen prägt das Tal.

diesem granitischen Gestein hat die im Valtenbergmassiv in Tschechien entspringende Polenz zwischen Neustadt und Hohnstein eines der schönsten Täler im Landkreis Sächsische Schweiz ausgetieft. Am **Bahnhof/Busbahnhof** informieren wir uns, ob gleich ein Bus nach Polenz fährt, wenn ja, sparen wir uns die ersten 4 km, andernfalls gehen wir kurz geradeaus (Bahnhofstraße) in Richtung Marktplatz und zweigen die erste links ab, wobei die Mark. »rote Scheibe« den Weg aus der Stadt und in das lang gestreckte Dorf **Polenz** weist. Hier endet die Bebauung, aus dem Teerweg wird ein naturbelassener Wanderweg, der in die Wälder des autofreien oberen Polenztals eintaucht: Ein weites Kerbsohlental mit Prall- und Gleithängen, Talwiesen und Mühlen. Der Wanderweg folgt fast immer dem über Blockwerk springenden Bach.

Nach ca. 1½ Std. ab Polenz erreichen wir die idyllisch im Wald gelegene **Knochenmühle** (Einkehr) und nach einer knappen ¼ Std. lädt schon die **Bockmühle** an der ersten das Tal durchquerenden Straße zur Einkehr. Beim Gasthaus zweigt der Rotpunktweg von der Straße Heeselicht – Cunnersdorf links ab, trägt nun den Namen »Karl-Lampe-Weg« und führt durch das Naturschutzgebiet **Märzenbecherwiesen** (vgl. Kasten S. 59) und leitet weiter zur **Heeselichtmühle** an der Straße Heeselicht – Hohnstein. In dem denkmalgeschützten Fachwerkgebäude von 1853 finden Wanderer preiswerte Unterkunft in Zimmern bzw. noch preiswerter auf dem »Schlafsackboden» (auch Zelten ist möglich; Küchenbenutzung für Selbstversorger).

An der Heeselichtmühle beginnt zwar der Nationalpark Sächsische Schweiz, doch ausgerechnet ab hier wird der Wanderweg erheblich gestört durch die Straße Heeselicht – Hohnstein. An der Heeselichtmühle gibt es eine Bushaltestelle (Linie 236/237 Pirna – Hohnstein – Sebnitz), und anstatt der Straße zur **Russigmühle** (Einkehr) zu folgen, lassen wir uns nach der Einkehr im Bus nach **Hohnstein** hinaufchauffieren. Die Alternative besteht darin, der Straße (weiterhin »rote Scheibe«) bis kurz vor die Russigmühle zu folgen und dann bergwärts auf den Gelbstrich-Weg (Tour 16) abzuzweigen.

18

Flößersteig

Naturlehrpfad durch das Kirnitzschtal

Ausgangspunkt: Elbkai in Bad Schandau; Anfahrt auf der B 172 Dresden – Pirna – Königstein – Bad Schandau.
Bahn: S-Bahn Dresden – Pirna – Königstein – Bad Schandau und mit der Fähre übersetzen nach Bad Schandau.
Gehzeit: 3½ Std., davon 1¼ Std. zur Ostrauer Mühle und 1¼ Std. zum Lichtenhainer Wasserfall.
Charakter: Beeindruckende Talwanderung auf meist bequemen, passagenweise auch etwas beschwerlichen (Sicherung mit Ketten und Haken) Wegen und Pfaden.

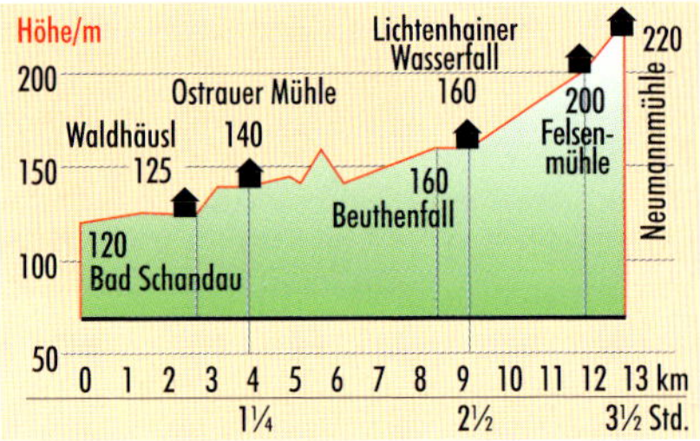

Einkehr: Bad Schandau, Waldhäusl, Ostrauer Mühle, Mittelndorfer Mühle (Straßenvariante), Forsthaus, Lichtenhainer Wasserfall, Felsenmühle, Neumannmühle.
Karte: KOMPASS Nr. 810, 761 (1:30.000).

Der Flößersteig erschließt als bekanntester Naturlehrpfad der Sächsischen Schweiz das eindrucksvoll von Felswänden flankierte Kirnitzschtal von der Mündung in die Elbe in Bad Schandau bis zur Neumannmühle. Rund 100 Lehrtafeln erläutern Wissenswertes über Natur- und Kultursehenswürdigkeiten in diesem Erosionstal, das dank eines mehrfachen Wechsels von Sandstein und Granit zu den abwechslungsreichsten des Elbsandsteingebirges zählt. Bis in die 1960er Jahre diente die Kirnitzsch der Holztrift, daher der Name des Lehrpfads. Vom S-Bahnhof setzen wir zum Elbkai von **Bad Schandau** über, überqueren rechts die Kirnitzsch

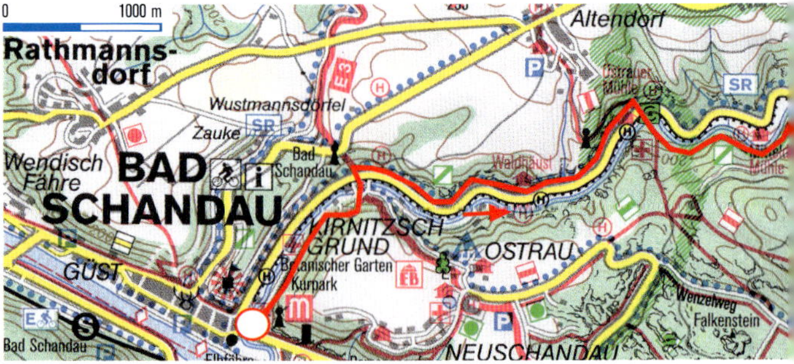

Kirnitzschtalbahn

Kirnitzschtalbahn und Bus (Richtung Hinterhermsdorf) bieten die Möglichkeit, am Endpunkt bzw. an einer der zahlreichen Haltestellen zum Ausgangspunkt zurückzukehren. Die Kirnitzschtalbahn ist eine elektrische Straßenbahn, die 1898 in Betrieb genommen wurde und die 8 km lange Strecke von Bad Schandau durch das romantische Kirnitzschtal bis zum Lichtenhainer Wasserfall in 30 Minuten durchfährt. Haltestellen: Bad Schandau, Ostrauer Brücke, Waldhäusl, Ostrauer Mühle, Mittelndorfer Mühle, Forsthaus, Nasser Grund, Beuthenfall, Lichtenhainer Wasserfall. An sonnigen Wochenenden ist die schmale Straße im Kirnitzschtal erheblichem Autoverkehr ausgesetzt, und die Parkplätze sind überfüllt.

und folgen dem mit »grüner Schrägstrich« markierten Flößersteig aufwärts. Kurz oberhalb des Kurparks wechselt er auf der **Ostrauer Brücke** die Talseite und leitet auf der Hartungpromenade zum **Waldhäusl**, der ersten von mehreren Einkehrmöglichkeiten. Wo wenig später die **Dorfbachklamm** einmündet, vereinigt sich der Malerweg mit dem Flößersteig, bald darauf überqueren wir die Kirnitzsch auf einer alten Steinbrücke und erreichen die **Ostrauer Mühle** (Campingplatz). Oberhalb der Ostrauer Mühle verläuft die Grenze zwischen Sandstein und Granit, ab hier wird der Flößersteig ein wenig unwegsamer und teils beschwerlich (Kettensicherungen, Haken). Wer das »schwierige« Stück vermeiden will, bleibt auf der Straße (bis Forsthaus). Das **Forsthaus** auf der anderen Seite der Kirnitzsch ist über eine Stegbrücke erreichbar, dann passiert der Flößersteig die Ausmündung des **Nassen Grunds**, leitet durch einen Felssturz (Wintersperrung!) und überquert am **Beuthenfall** erneut die Kirnitzsch.

Längs der Straße geht es nun aufwärts zum **Lichtenhainer Wasserfall** (künstlicher Wasserfall), dem Endpunkt der Kirnitzschtalbahn. Hier überquert der Flößersteig wieder die Kirnitzsch, erreicht schließlich die **Felsenmühle** und an der **Neumannmühle** den Endpunkt (Museum, siehe Seite 87).

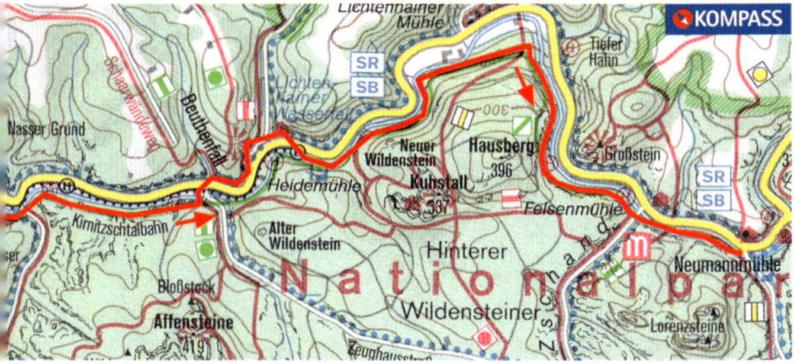

Schrammsteinaussicht

Einer »der« Panoramapunkte der Sächsischen Schweiz

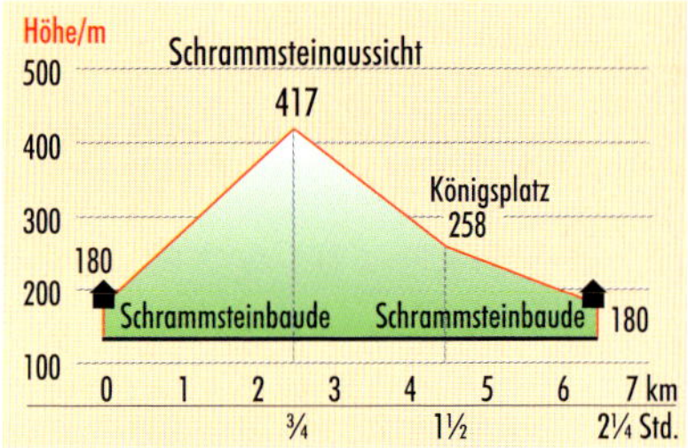

Ausgangspunkt: Bushaltestelle und Parkplatz an der Schrammsteinbaude. Anfahrt auf der B 172 Dresden – Pirna – Bad Schandau, in Bad Schandau via Ostrau oder Postelwitz zur Schrammsteinbaude.
Bahn: S-Bahn Dresden – Pirna – Königstein – Bad Schandau – Schöna. Regionaler Busverkehr.
Gehzeit: 2¼ Std., davon ¾ Std. Aufstieg zur Schrammsteinaussicht.
Charakter: Steiganlagen an den Schrammsteinaussichten, ansonsten bequeme Waldwege und -pfade, teils steil.
Einkehr: Keine unterwegs.
Karte: KOMPASS Nr. 810, 761 (1:30.000).

Diese steile Kurzwanderung erschließt mit der Schrammsteinaussicht einen der faszinierendsten Panoramafelsen der Sächsischen Schweiz.

Oberhalb der im Zahnsgrund gelegenen **Schrammsteinbaude** zweigt von der Straße der mit »Grünpunkt« markierte Weg in den **Schießgrund** ab und führt dann bei der ersten Verzweigung in Richtung Falkenstein zum Elbleitenweg und weiter zur Wegverzweigung am **Großen Schrammtor**. Hier treffen wir auf die Blaustrich-Mark. des EB und folgen ihr teilweise auf Leiterstegen durch das vom Schrammtorwächter und den Ostertürmen flankierte Felsentor, dann bequem weiter auf der Vorderen Promenade im Wald am Fuß der Schrammsteine, bis hinter dem Felsen **Jungfer** der **Jägersteig** links hinauf zu den Schrammsteinaussichten abzweigt. (*Variante:* Hinter dem Felsen Jungfer auf dem wiederhergestellten Wildschützensteig. Nur der Aufstieg ist zugelassen!) Nach ca. 100 Höhenmetern auf Leitern und Treppen ist an einer Einsattelung der Schrammsteingrat erreicht; die Einsattelung trennt die hinteren Schrammsteine (rechts: Blaustrich) von den vorderen.

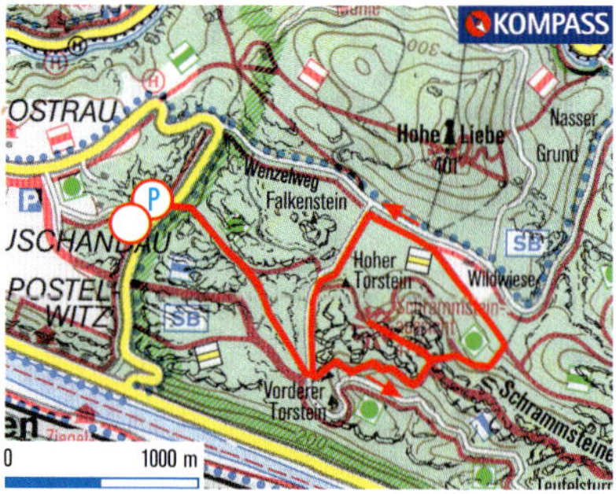

Auf dem Weg zum Großen Schrammtor lohnt sich ein Abstecher zum Falkenstein, dem mächtigsten Einzelfelsen der Sächsischen Schweiz.

Wir folgen dem geländergesicherten Steig links zu den beiden **Schrammsteinaussichten** hinauf, der **Elbaussicht** und der **Torsteinaussicht**.
Von der Schrammsteinaussicht kehren wir zurück in Richtung der Einsattelung, an welcher der Jägersteig einmündet, biegen jedoch vorher links auf die Grünpunkt-Route durch den **Mittelwinkel** ab. Hier geht es noch einmal auf Leitern hinunter, allerdings ist auch an sonnigen Tagen das Gedränge nicht so groß wie auf dem Jägersteig. Wenn der Grünpunkt-Weg auf den Gelbstrich-Weg trifft (rechts geht es zu den Affensteinen), folgen wir der Ausschilderung hinab zur Wildwiese und dort links dem Forstweg am Platz der Freundschaft = **Königsplatz** (elf 1828 gepflanzte Eichen) vorbei zur Wegverzweigung am **Scheidenbörnel**.

Wer hier die kürzeste Rückkehrmöglichkeit wählen will, geht geradeaus auf dem Wenzelweg, attraktiver ist der nach Süden abbiegende Elbleitenweg, der am Falkenstein vorbei zum **Großen Schrammtor** führt.
Von dort kehren wir wieder auf dem Grünpunkt-Weg wie anfangs durch den Schießgrund zur **Schrammsteinbaude** zurück.

Schrammsteinaussicht

Die beiden Schrammsteinaussichten sind einer der faszinierendsten und meistbesuchten Panoramapunkte der Sächsischen Schweiz, aber anders als die berühmtere Bastei sind sie nur im Rahmen einer steilen Wanderung erreichbar. Der geländergesicherte Grat bietet eine imposante Gesamtschau der zerklüfteten Schrammsteinkette und vorgelagerter Türme. Blickfänge direkt im Westen sind der Mittlere und Hohe Torstein (vor dem Mittleren Torstein die Felsnadel der Tante) und rechts dahinter der massige Falkenstein, im Norden blicken wir zur Hohen Liebe, hinter der die Granitkuppen der Lausitz zu sehen sind, weiter rechts fällt der Blick auf die Affensteine, während jenseits des Elbtals die bekannten Tafelberge aufragen.

Schrammstein- und Elbleitenweg

Herausragende Höhen- und Waldwanderung

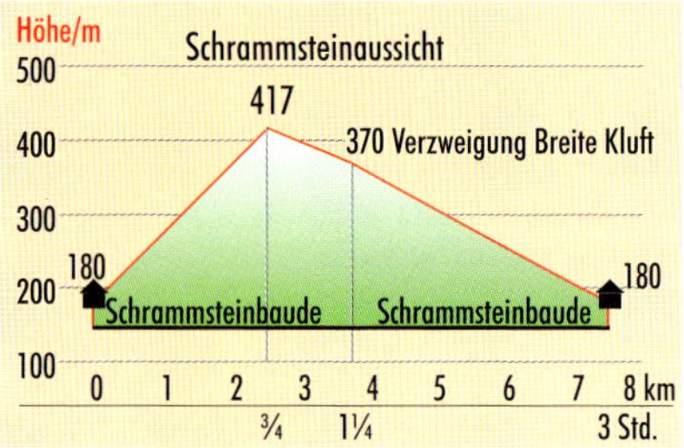

Ausgangspunkt: Bushaltestelle und Parkplatz an der Schrammsteinbaude. Anfahrt auf der B 172 Dresden – Pirna – Bad Schandau, in Bad Schandau via Ostrau oder Postelwitz zur Schrammsteinbaude.
Bahn: S-Bahn Dresden – Pirna – Königstein – Bad Schandau – Schöna. Regionaler Busverkehr.
Gehzeit: Knapp 3 Std., davon ca. ¾ Std. Aufstieg zu den Schrammsteinen und ½ Std. bis zur Verzweigung oberhalb der Breiten Kluft.
Charakter: Steiganlagen an den Schrammsteinaussichten, ansonsten bequeme Waldwege und -pfade.
Einkehr: Keine unterwegs.
Karte: KOMPASS Nr. 810, 761 (1:30.000).

Die Kombination von Schrammsteinweg und Elbleitenweg bildet eine der aussichtsreichsten und sicherlich auch schönsten autofreien Rundwandermöglichkeiten der Sächsischen Schweiz.
Wie bei Tour 19 steigen wir zur **Schrammsteinaussicht** hinauf. Von diesen exzellenten Aussichtsfelsen kehren wir zurück zur Verzweigung in der Einsattelung, in welcher der Jägersteig einmündet, und folgen der Blaustrich-Markierung des EB geradeaus aufwärts:

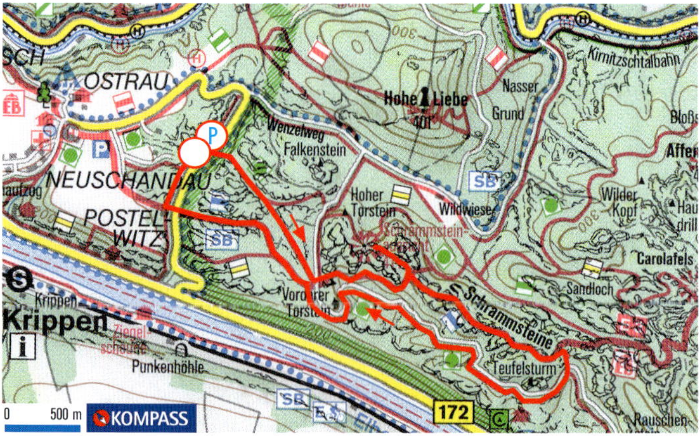

Blick vom Schrammsteinweg über das Elbtal auf Zirkelstein und Kaiserkrone.

Hier erwartet noch einmal eine schmale, geländergesicherte Passage, an der etwas Schwindelfreiheit hilfreich ist, dann stehen wir auf dem breiten Kamm, auf dem der **Schrammsteinweg** (stets Markierung »Blaustrich«) Richtung Großer Winterberg führt. Bis zu den Schrammsteinaussichten ist an einem sonnigen Tag erheblicher Andrang zu verzeichnen (Warteschlangen an den Leitern). Das folgende, landschaftlich hervorragende Wegstück ist vergleichsweise wenig besucht.

Zunächst bleibt der Schrammstein-Gratweg im elbtalseitigen Wald, wechselt dann durch ein Felstor auf die Winkelseite und erreicht oberhalb der **Breiten Kluft** eine wunderbare Raststelle (Elbblick). Jenseits der Elbe zeigen sich Zirkelstein, Kaiserkrone, Wolfsberg und die beiden Zschirnsteine, auch der Große Winterberg ist jenseits des Rauschensteins in Sicht. Die Grünstrich-Mark. leitet steil hinab durch die Breite Kluft, in der eindrucksvolle Brauneisenverwitterungen zu sehen sind, und mündet beim Breitekluftturm auf den **Elbleitenweg**. Dieser meist im Wald unterhalb der Felsabstürze verlaufende Hangweg ist mit »Grünpunkt« markiert. Zwischen den Bäumen zeigt sich immer wieder das Band der Elbe. Kurz nach Passieren des Teufelsturms sehen wir am Wegrand einen wuchtigen Felsblock mit eindrucksvollen Wabenverwitterungen. Der Elbleitenweg erreicht wieder die Verzweigung am **Großen Schrammtor**, und wir folgen dem »Blaustrich« des EB durch den eindrucksvollen **Lattengrund** zurück zum **Ausgangspunkt**.

Variante

Die hier vorgeschlagene Tour führt bis zur Verzweigung hinter der Breiten-Kluft-Aussicht, einem der besten Aussichtspunkte am Schrammsteinweg. Wer die Wanderung verlängern will, kombiniert sie mit Tour 27 bzw. sollte sie an klaren Tagen zumindest bis zum Carolafelsen verlängern.

21

Nasser Grund – Hohe Liebe

Zum Ehrenmal auf der Hohen Liebe

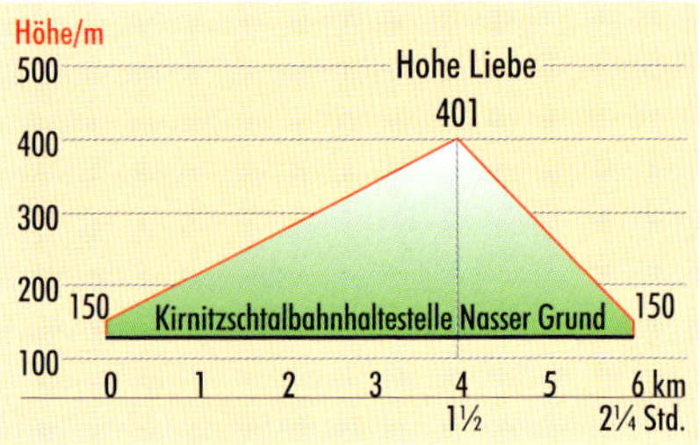

Ausgangspunkt: Kirnitzschtalbahn-Haltestelle Nasser Grund. Anfahrt auf der B 172 Dresden – Pirna – Königstein – Bad Schandau und weiter Richtung Kirnitzschtal.
Bahn/Fähre/Bus: S-Bahn Dresden – Pirna – Königstein – Bad Schandau. Dort mit der Elbfähre übersetzen nach Bad Schandau und umsteigen in die Kirnitzschtalbahn (in der das DB-Ticket keine Gültigkeit hat).
Gehzeit: 2¼ Std., davon knapp 1½ Std. Aufstieg zur Hohen Liebe.
Charakter: Beeindruckende Schlucht- und Höhenwanderung auf meist bequemen Wegen und Pfaden.
Einkehr: Keine.
Karte: KOMPASS Nr. 810, 761 (1:30.000).

Aus dem Kirnitzschtal führt diese recht bequeme Wanderung auf den spitzigen Felsgipfel Hohe Liebe, der ein einmaliges Panorama der Schrammsteine und der Affensteine gewährt.

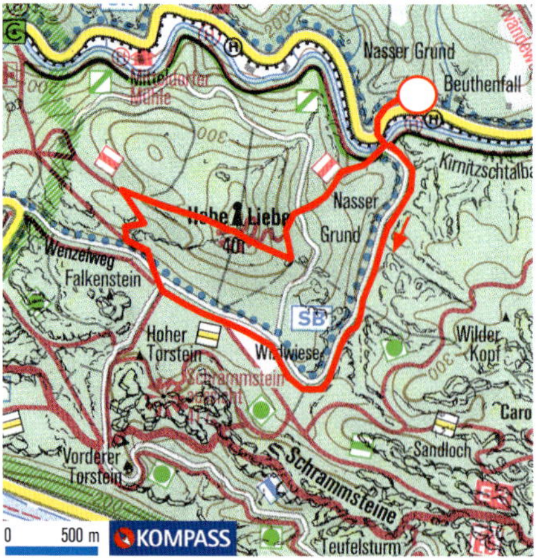

Von der **Haltestelle Nasser Grund** gehen wir kurz auf der Straße zurück, überqueren die Kirnitzsch, befinden uns nun auf dem Flößersteig am Ausgang des Nassen Grunds und folgen den Wegweisern hinauf in den **Nassen Grund**. Auf dem fahrradfähigen Weg geht es sacht aufwärts in dieser beeindruckenden Schlucht, in der weiter oben **Günthers Börnel** zu Tage tritt. Schließlich kurvt der Weg rechts zur **Wildwiese** zwischen der Hohen Liebe und den Schrammsteinen. Nach Passieren des Platzes der Freundschaft (= Königsplatz), an dem im Jahr 1828 elf Eichen gepflanzt wurden, erreicht der Grün-

Blick von den Schrammsteinen nordwärts auf die Rodung der Wildwiese im Winkel zwischen Schrammsteinen und Hoher Liebe.

strich-Weg am **Scheidenbörnel** eine Verzweigung: Hier folgen wir dem Bauweg halb rechts hinauf zum **Liebentor**, einem Durchlass in der **Teufelsmauer** genannten Felsmauer im Hang der Hohen Liebe.

Die Teufelsmauer ist ein stark zerklüftetes, von zahlreichen Quarzadern durchzogenes, mauerartiges Felsriff, das ebenso wie der Gipfel der Hohen Liebe eine Schrägstellung (nach Südosten) aufweist, bedingt durch die benachbarte Lausitzer Störung: Der Lausitzer Granit schob sich auf die Sandsteinbänke auf, diese wurden durch den Druck schräg angehoben. An der Verzweigung oberhalb des Liebentors gehen wir unmarkiert links hinauf und oben rechts und gelangen auf dem Oberen Liebenweg (Rotstrich) auf die aussichtsreiche **Hohe Liebe**.

Von der Hohen Liebe führt der Butterweg (»Rotstrich«) in einem raschen Abstieg zurück zur Ausmündung des **Nassen Grunds** in das Kirnitzschtal.

Hohe Liebe

Der Sandsteingipfel der Hohen Liebe (401 m) bietet eine hervorragende Aussicht auf den Falkenstein und die Schrammsteinkette sowie ostwärts zum markanten Bloßstock vor den Affensteinen. Der Name ist eine Verballhornung von mittelhochdeutsch »Löbe« = Hügel. Seit 1922 trägt die Hohe Liebe ein Ehrenmal zum Gedenken an Bergsteiger, die ihr Leben in den Bergen ließen. Alljährlich am Totensonntag findet hier eine Gedenkveranstaltung statt.

Beuthenfall – Schrammsteine

Prächtige Fels- und Aussichtswanderung

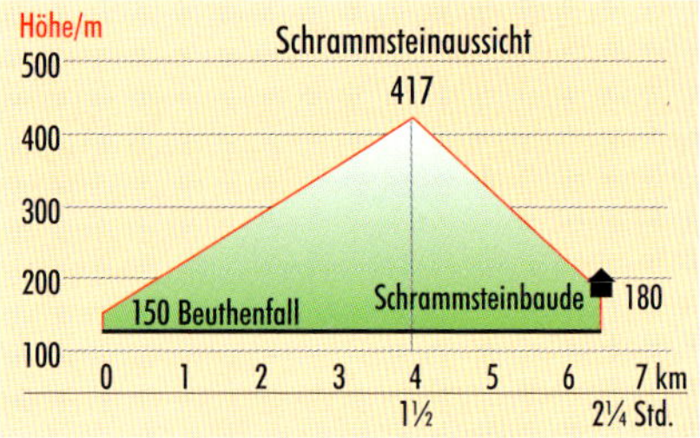

Ausgangspunkt: Kirnitzschtalbahn-Haltestelle Beuthenfall. Anfahrt auf der B 172 Dresden – Pirna – Königstein – Bad Schandau und weiter Richtung Kirnitzschtal.

Bahn/Fähre/Bus: S-Bahn Dresden – Pirna – Königstein – Bad Schandau. Dort mit der Elbfähre übersetzen nach Bad Schandau und umsteigen in die Kirnitzschtalbahn (in der das DB-Ticket keine Gültigkeit hat); abchecken, wann der letzte Bus von der Schrammsteinbaude zurück fährt.

Gehzeit: 2¼ Std., davon gut 1½ Std. Aufstieg zu den Schrammsteinen.

Charakter: Tal- und Höhenwanderung auf teils bequemen, teils getreppten/gestuften Wegen und Pfaden mit Steiganlagen.

Einkehr: Keine unterwegs; am Ziel die Schrammsteinbaude.

Karte: KOMPASS Nr. 810, 761 (1:30.000).

Diese herausragende Tour führt vom Beuthenfall im Kirnitzschtal unterhalb des Massivs der Affensteine zu den Schrammsteinen und hinab nach Bad Schandau an der Mündung der Kirnitzsch.

Von der Kirnitzschbahn-**Haltestelle Beuthenfall** gehen wir kurz auf der Straße talabwärts, überqueren die Kirnitzsch auf der Steinbrücke

Aufbau und Dynamik der Schrammsteine sind einmalig.

und wandern im **Dietrichsgrund** auf der Zeughausstraße (nicht öffentlich) aufwärts (Mark. »Rotstrich«). An der Verzweigung in der Linkskurve verlassen wir die Zeughausstraße und folgen dem Rotstrich-Weg rechts hinauf in Richtung der Affensteine, bald auf dem Unteren Affensteinweg. Wenn sich die Rotstrich-Markierung wenig später links Richtung Frienstein verabschiedet, bleiben wir auf dem Unteren Affensteinweg (»Grünpunkt«) und gelangen zu einer Raststelle an einer Verzweigung. Hier kann man sich überlegen, ob man die als »schwierig« ausgeschilderte Variante links hinauf durch die **Wilde Hölle** gehen will. Von der Wilde-Hölle-Verzweigung folgen wir weiter dem Unteren Affensteinweg, einem recht bequemen Hangpfad, dessen Name sich bald in »Zeughausweg« verwandelt und der sich dann mit dem Gelbstrich-Weg vereinigt: Hier rechts und an der nächsten Verzweigung links hinauf (»Grünpunkt«) durch den Mittelwinkel, teilweise auf Leitern, zur **Schrammsteinaussicht**. Von dort geht es auf dem Blaustrich-Weg in Richtung Jägersteig und dann wie bei Tour 20 zur **Schrammsteinbaude**, wo sich eine Bushaltestelle befindet und man nach Bad Schandau zurückfahren kann.

Variante »Wilde Hölle«

Der Name der Wilden Hölle im Affensteinmassiv ist mit einer der berühmtesten Steiganlagen der Sächsischen Schweiz verbunden. In einer landschaftlich außerordentlich beeindruckenden Felsszenerie stellt dieser relativ kurze Steig (Ketten, Klammern, Stufen), der Trittsicherheit und Schwindelfreiheit erfordert, eine Verbindung durch das Kleine Bauerloch zwischen dem Unteren Affensteinweg, der Oberen Affensteinpromenade und dem Reitsteig her. Am oberen Ausstieg (Obere Affensteinpromenade) findet man Wegweiser, die zum Carolafelsen weiterleiten. Von dort steigt man wie bei Tour 23 zum EB ab und folgt ihm aussichtsreich zur Schrammsteinaussicht.

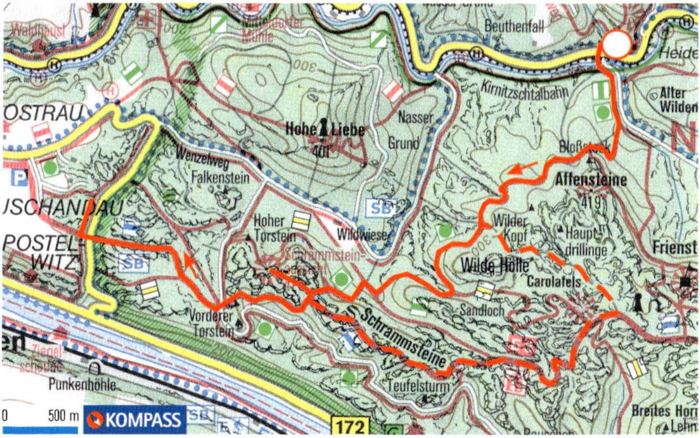

23

Frienstein – Carolafels

Durch die Affensteine

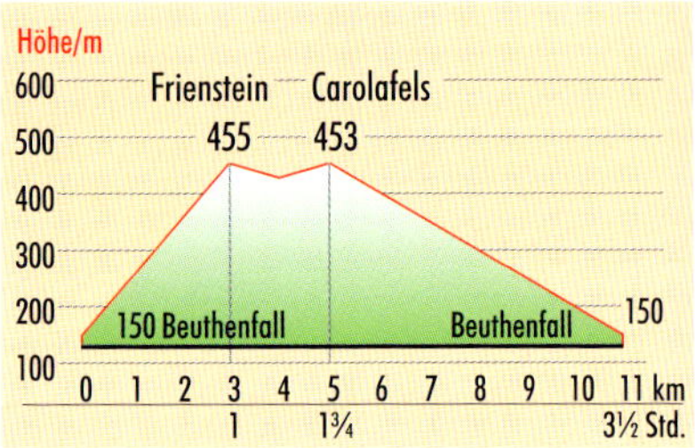

Ausgangspunkt: Kirnitzschtalbahn-Haltestelle Beuthenfall. Anfahrt auf der B 172 Dresden – Pirna – Königstein – Bad Schandau und weiter Richtung Kirnitzschtal.
Bahn/Fähre/Bus: S-Bahn Dresden – Pirna – Königstein – Bad Schandau. Dort mit der Elbfähre übersetzen nach Bad Schandau und umsteigen in die Kirnitzschtalbahn (in der das DB-Ticket keine Gültigkeit hat).
Gehzeit: 3½ Std., davon 1 Std. Aufstieg zum Frienstein und ¾ Std. weiter zum Carolafels.
Charakter: Tal- und Höhenwanderung auf teils bequemen, teils getreppten/gestuften Wegen und Pfaden mit Steiganlagen.
Einkehr: Keine unterwegs.
Karte: KOMPASS Nr. 810, 761 (1:30.000).

Diese großartige Fels-, Wald- und Panoramatour führt durch das Massiv der Affensteine zum aussichtsreichen Carolafelsen.
Von der Kirnitzschtalbahn-**Haltestelle Beuthenfall** gehen wir kurz auf der Straße talabwärts,

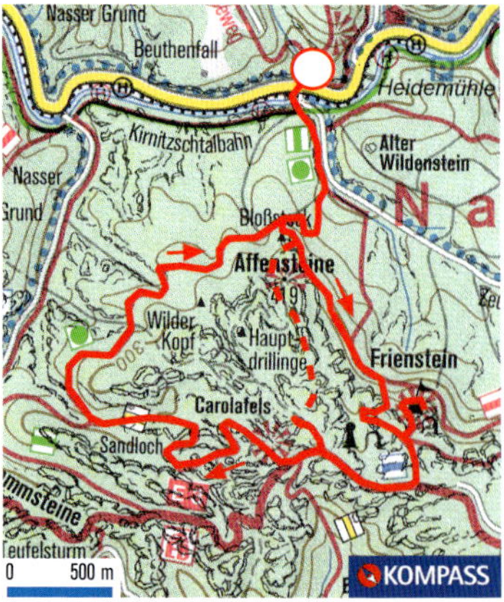

überqueren die Kirnitzsch auf der Steinbrücke und wandern im **Dietrichsgrund** auf der Zeughausstraße (nicht öffentlich) aufwärts (»Rotstrich«). An der Verzweigung in der Linkskurve verlassen wir Zeughausstraße und Dietrichsgrund und folgen dem Rotstrich-Weg rechts hinauf, bald auf dem Unteren Affensteinweg. Wenig später zweigt der Rotstrich-Weg links hinauf zum Fuß des 90 m hohen **Bloßstock** ab, einem der mächtigsten (Kletter-)Felsen der Sächsischen Schweiz.
Rechts dahinter in das Große Bauernloch zur beginnenden Häntzschelstiege (nur als Alternative genannt, da teilweise sehr ausgesetzt, siehe Kasten), während wir dem Rotstrich-Weg unterhalb der zerklüfteten Affensteinfelsen (Langes Horn) auf dem Königs-

Steighilfen wie Treppen und Leiteranlagen erleichtern das Vorwärtskommen.

weg in Richtung der imposanten Speichenhörner folgen. Zwischendurch nimmt der Königsweg die aus dem Dietrichsgrund heraufführende Grünstrich-Route auf, und dieser Markierung folgen wir an der nächsten Abzweigung rechts hinüber zur **Friensteinquelle** an der Oberen Affensteinpromenade und links hinüber zum **Frienstein**. Auf ausgesetztem Steig ist von hier aus in einem kurzen Abstecher die **Idagrotte** zu erreichen (s. Kasten Tour 25). Zurück an der Friensteinquelle, steigen wir in südlicher Richtung hinauf zum Reitsteig und gelangen bald an einen Aussichtspunkt mit Blick über den Schmilkaer Kessel hinweg bis zum Hohen Schneeberg und den Zschirnsteinen, während im Vordergrund die Fluchtwandgipfel und die Neue Wenzelwand die Hauptakzente setzen.

Dem Reitsteig (= EB; »Blau-« und »Gelbstrich«) folgen wir aussichtsreich westwärts und gelangen an die Abzweigung zum **Carolafels**; in einem kurzen Abstecher ist dieser wunderbare Aussichtsfelsen zu erreichen. Nach dem Abstecher folgen wir dem Reitsteig weiter westwärts bis zur Verzweigung oberhalb der Heiligen Stiege und wechseln nun auf den Schrammsteinweg (»Gelbstrich«), an dem als weiterer hervorragender Aussichtspunkt das **Domriff** ausgeschildert ist. Danach geht es hinab in das **Sandloch**, wo wir an der Verzweigung rechts auf den Zeughausweg wechseln und unterhalb der Affensteinfelsen in den **Dietrichsgrund** zurückwandern.

Häntzschelstiege

Die Häntzschelstiege auf das Lange Horn in den Affensteinen ist einer der wenigen echten Klettersteige der Sächsischen Schweiz. Die ausgesetzte Steiganlage (Eisenklammern, Lattenroste, Leitern, zuletzt dunkel an Eisenklammern aufwärts durch einen Kamin) ist am Fuß des Bloßstocks angezeigt. Da der Einstieg über ein schwieriges Steilstück erfolgt, kann man hier schon per Sicht entscheiden, ob man diesen Steig begehen will oder nicht. Kinder müssen gesichert werden. Am Ausstieg des ersten Teils der Stiege befindet man sich auf der Oberen Affensteinpromenade. Der zweite Teil beginnt mit dem engen Kamin und steigt in großartiger Linienführung aussichtsreich auf das Lange Horn – überwältigend!

24

Lichtenhainer Wasserfall – Kuhstall – Neuer Wildenstein

Größtes Felsentor der Sächsischen Schweiz

Ausgangspunkt: Haltestelle Lichtenhainer Wasserfall der Kirnitzschtalbahn; Anfahrt auf der B 172 Dresden – Pirna – Königstein – Bad Schandau; abzweigen in das Kirnitzschtal.
Bahn/Bus: Kirnitzschtalbahn Bad Schandau – Lichtenhainer Wasserfall. Bus Bad Schandau – Hinterhermsdorf.
Gehzeit: Knapp 2 Std., davon ca. 1 Std. Aufstieg zum Neuen Wildenstein.
Charakter: Kurzwanderung auf Wegen und Pfaden (teilweise mit Treppen) mit hervorragenden Aussichtspunkten.

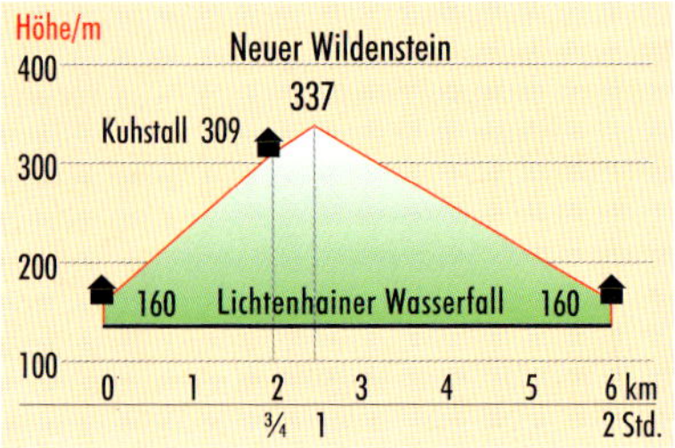

Einkehr: Lichtenhainer Wasserfall, Kuhstall.
Karte: KOMPASS Nr. 810, 761 (1:30.000).

Diese kurze Wald-, Fels- und Aussichtswanderung führt vom Lichtenhainer Wasserfall zum Kuhstall, der bedeutendsten Durchgangshöhle der Sächsischen Schweiz, und hinauf auf den aussichtsreichen Neuen Wildenstein, der die Reste einer gleichnamigen Felsenburg trägt.
Der Lichtenhainer Wasserfall ist einer der ältesten und berühmtesten künstlichen Wasserfälle der Sächsischen Schweiz. Da er an der Endstation der Kirnitzschtalbahn liegt, bildet er zugleich einen der bedeutendsten Ausgangspunkte für Wanderungen in das Affenstein- und Schrammsteingebiet sowie zum Großen Winterberg. Bereits im Jahr 1830 wurde ein Staubecken angelegt, um den Fremden den imposanten Anblick wild herabstürzenden Wassers darzubieten: Für ein Trinkgeld wurde das Wehr aufgezogen, und für kurze Zeit rauschte der »Große Wasserfall« herab. 1994 wurde die Anlage mit erheblichem Aufwand erneuert, und so rauscht es nun wieder, wenn man am historischen Aufzugswehr zieht. Im 19. Jh. konnten sich »Fremde« vom Lichtenhainer Wasserfall aus in Sesseln zum Kuhstall

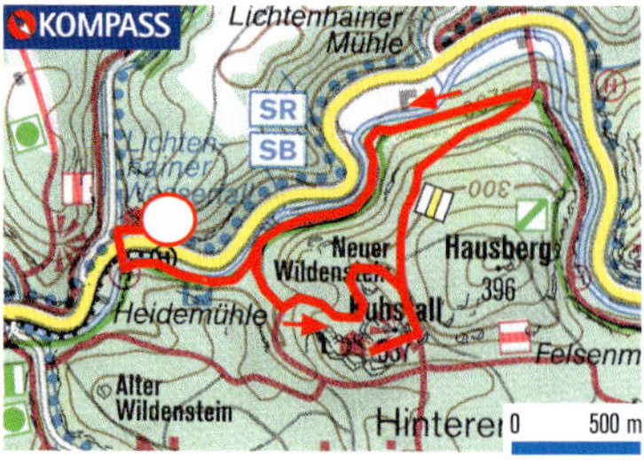

Romantische Pfade schlängeln sich zwischen den Felsen dahin.

hochtragen lassen, spannender und gesünder ist es, zu wandern.
Am **Lichtenhainer Wasserfall** überqueren wir die Kirnitzsch und folgen dem Flößersteig/Fremdenweg kurz flussaufwärts, bis der mit »Rotpunkt« markierte Fremdenweg rechts hinauf in das Münzbachtal wechselt und am **Münzborn** vorbei zum **Kuhstall** führt.
Diese torartige Durchgangshöhle im Neuen Wildenstein diente im Dreißigjährigen Krieg den umliegenden Bewohnern samt Vieh als Zufluchtsstätte; darauf wird der Name Kuhstall für dieses 11 m hohe, 17 m breite und 24 m tiefe Felsentor zurückgeführt. Vom Kuhstall, der zu den bekanntesten in Malerei und Fotografie dargestellten Motiven der Sächsischen Schweiz zählt, ist das weitläufige Gipfelplateau des **Neuen Wildensteins** auf der Himmelsleiter, einer Steiganlage mit 108 Stufen, zu erreichen. Hier befinden sich Reste der Burg Wildenstein, und es erwartet eine fantastische Aussicht.
Zurück an der Kuhstallhöhle, folgen wir der mit »Gelbstrich« markierten Alten Straße hinab in das Kirnitzschtal und wechseln dort links auf den Flößersteig (»Grüner Schrägstrich«). Er führt uns zurück zum **Ausgangspunkt**.

Neuer Wildenstein

Die Bearbeitungsspuren und Mauerreste der Felsenburg Neuer Wildenstein befinden sich auf dem gleichnamigen Sandsteinriff hoch über dem Kirnitzschtal. Die Felsenburg war 1409–51 ein Sitz der böhmischen Berken von der Duba und fungierte ansonsten als Raubritternest. Das weitläufige Gipfelplateau bietet eine großartige Aussicht auf die wild zerklüfteten Felsen der Hinteren Sächsischen Schweiz sowie nach Norden auf die sanften Granitkuppen jenseits des Kirnitzschtals, während sich ostnordöstlich die bewaldete Basaltkuppe des Hausbergs erhebt.

Lichtenhainer Wasserfall – Frienstein

Zur Felsenburg an den Speichenhörnern

Ausgangspunkt: Haltestelle Lichtenhainer Wasserfall der Kirnitzschtalbahn; Anfahrt auf B 172 Dresden – Pirna – Königstein – Bad Schandau und abzweigen in das Kirnitzschtal.
Bahn/Bus: Kirnitzschtalbahn Bad Schandau – Lichtenhainer Wasserfall. Buslinie Bad Schandau – Hinterhermsdorf.
Gehzeit: 3 Std., davon 1¾ Std. Aufstieg zum Frienstein.
Charakter: Bergwanderung auf Wegen, Steigen und Pfaden mit guten Aussichtspunkten.
Einkehr: Lichtenhainer Wasserfall, Kuhstall.
Karte: KOMPASS Nr. 810, 761 (1:30.000).

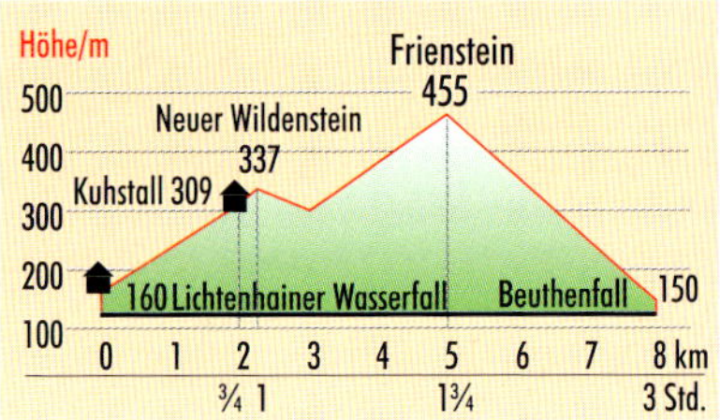

Vom Lichtenhainer Wasserfall führt diese Fels- und Felsenburgenwanderung zum Neuen Wildenstein und weiter zum Frienstein, einem herausragenden Burg- und Kletterfelsen (mit 180-Grad-Sockelaussicht) an den Affensteinen.

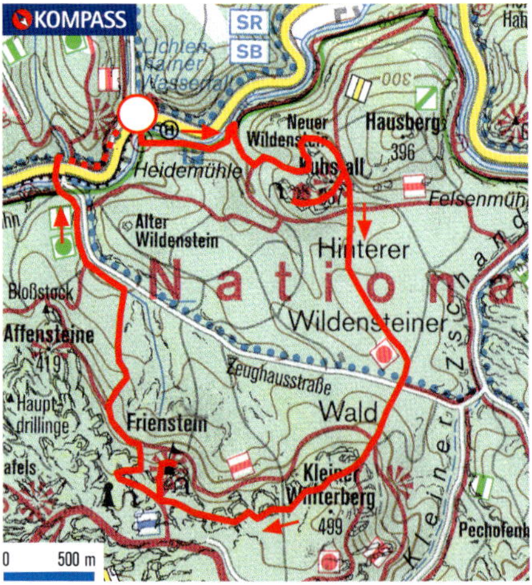

Vom **Lichtenhainer Wasserfall** steigen wir wie bei Tour 24 zum **Kuhstall** und zum **Neuen Wildenstein** auf und folgen dann dem Fremdenweg (»Rotpunkt«) hinauf Richtung Großer Winterberg.

An der Kreuzung mit der Zeughausstraße bietet eine Schutzhütte Unterschlupf, wenig später passieren wir den **Eichenborn**, eine gefasste Quelle, und erreichen eine Verzweigung: Rechts zweigt der Königsweg ab (»Rotstrich«), der mit imposanten Aufblicken zu den Speichenhörnern durch den Hang führt und später einen Wechsel zum Frienstein ermöglicht. Diesen Weg nehmen wir nicht, sondern folgen der Rotpunkt-

Markierung in steilen Serpentinen weiter aufwärts zur nächsten Verzweigung: Hier zweigt links der Untere Fremdenweg ab (»Rotpunkt«), während wir rechts auf die Obere Affensteinpromenade wechseln (»Grünstrich«). Längs dieses Weges (Pfad/Steig) finden sich, teilweise über kurze Abstecher erreichbar, einige hervorragende Aussichtspunkte. An der Verzweigung an der **Friensteinquelle** verlassen wir die Obere Affensteinpromenade und steigen rechts hinauf zum Sockel des **Friensteins**.

Zurück an der Friensteinquelle, folgen wir der Grünstrich-Markierung hinab zum Königsweg (zusätzlich »Rotstrich«), wandern auf ihm links und wechseln an der nächsten Verzweigung mit der Grünstrich-Markierung rechts auf den Hinteren Heideweg.

Dieser führt hinab in den **Dietrichsgrund**, der beim **Beuthenfall** in das Kirnitzschtal ausmündet. Dort befindet sich eine Haltestelle der Kirnitzschtalbahn. Hat man am Lichtensteiner Wasserfall geparkt, folgt man der Kirnitzschtalstraße kurz aufwärts und wandert zum **Ausgangspunkt** zurück.

Frienstein / Idagrotte

Der Frienstein, auch Vorderes Raubschloss genannt, ist ein frei aufragender, massiger Felsen (Name wohl »frei 'stehender' Stein«), das die gewaltigste Felsbastion der Speichenhörner zwischen Kleinem Winterberg und Affensteinen bildet. Der Name Vorderes Raubschloss ist auf eine Burgwarte der böhmischen Berken von der Duba zurückzuführen, die auf diesem weitgehend unzugänglichen Felsen einen Schlupfwinkel für ihre Raubzüge eingerichtet hatten. Einbezogen in diese Felsenburg war auch die Idagrotte, eine Schichtfugenhöhle auf der Ostseite. Die Idagrotte ist auf einem ausgesetzten Felsband (mit Sicherungen) zu erreichen und bietet eine prachtvolle Aussicht auf die Speichenhörner.

Im Kirnitzschtal.

Lichtenhainer Wasserfall – Großer Winterberg – Schmilka

Auf dem Fremdenweg vom Kirnitzsch- in das Elbtal

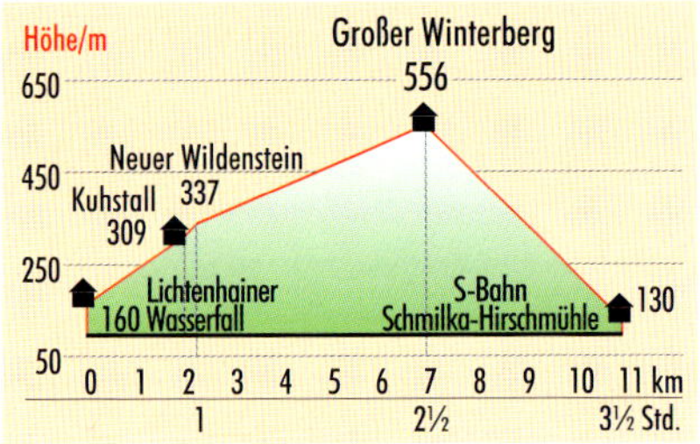

Ausgangspunkt: Haltestelle Lichtenhainer Wasserfall der Kirnitzschtalbahn; Anfahrt auf der B 172 Dresden – Pirna – Königstein – Bad Schandau und abzweigen in das Kirnitzschtal.
Bahn/Bus: Kirnitzschtalbahn Bad Schandau – Lichtenhainer Wasserfall. Buslinie Bad Schandau – Hinterhermsdorf.
Gehzeit: 3½ Std., davon knapp 2½ Std. Aufstieg zum Großen Winterberg.
Charakter: Bergwanderung auf Wegen, Steigen und Pfaden mit hervorragenden Aussichtspunkten.
Einkehr: Lichtenhainer Wasserfall, Kuhstall, Großer Winterberg, Schmilka.
Karte: KOMPASS Nr. 810, 761 (1:30.000).

Auf dem Fremdenweg (Malerweg) führt uns eine fantastische Wanderung vom Lichtenhainer Wasserfall im Kirnitzschtal zur Kuhstall-Höhle und auf den Großen Winterberg, die höchste Erhebung der Sächsischen Schweiz rechts der Elbe, und hinab nach Schmilka im Elbtal. Die Anfahrt zum Ausgangspunkt erfolgt ab Bad Schandau mit Kirnitzschtalbahn oder Bus, die Rückfahrt ab Schmilka mit der S-Bahn. Vom **Lichtenhainer Wasserfall** wandern wir wie Tour 24 zum **Kuhstall** und auf das Felsplateau des **Neuen Wildensteins**, auf dem sich die Reste der Burg Wildenstein finden und eine fantastische Aussicht erwartet. Von

Blick Richtung Rauschenstein, Großer Winterberg und Rosenberg.

der Kuhstallhöhle führt der Rotpunkt-Weg (Fremdenweg) bequem im Wald Richtung Richtung Großer Winterberg, dann beginnt ein steiler Serpentinenaufstieg zum Oberen Affensteinweg im Nordhang des Kleinen Winterbergs. Hier geht es links weiter, wobei man sich nun Zeit lassen sollte, um die auf Pfaden erreichbaren Aussichtspunkte links des Wegs aufzusuchen.

Der Blick vom **Gleitmannshorn** über den Kleinen Zschand hinweg zählt sicherlich zu den berühmtesten Aussichtsstellen der Sächsischen Schweiz.

In der Einsattelung zwischen den beiden Winterbergen vereinigt sich der Rotpunkt-Weg mit dem EB (»Blaustrich«), und in gemeinsamer Routenführung geht es im Wald hinauf zum Berggasthof (autofrei) auf dem **Großen Winterberg**.

Vom Großen Winterberg folgen wir der Rotpunkt-Markierung auf der Winterbergstraße hinab, wobei das **Kipphorn** (kurzer Abstecher) noch einmal eine einmalige Aussicht gewährt. Nach einigen Serpentinen der Winterbergstraße zweigt der Rotpunkt-Weg in den Erlsgrund ab und führt hinunter in das Dorf **Schmilka**.

Dort setzen wir mit der Fähre über zum S-Bahnhof **Schmilka-Hirschmühle**.

Kipphornaussicht

Das Kipphorn, das in einem kurzen ausgeschilderten Abstecher erreichbare Sandsteinriff im Hang des Großen Winterbergs hoch über dem Elbtal, bietet eine exzellente Aussicht über das Elbtal hinweg zu den beiden Zschirnsteinen, vor denen sich im Mittelgrund Zirkelstein und Kaiserkrone runden, während elbabwärts wie Inseln die anderen »Steine« stehen. Blickfang im Vordergrund rechts ist der Schmilkaer Kessel, der Blick gleitet an der Schrammsteinkette entlang elbabwärts bis zu den Rathener Felsen und den Weißen Brüchen.

27

Schmilka – Carolafels

Durch den Schmilkaer Kessel

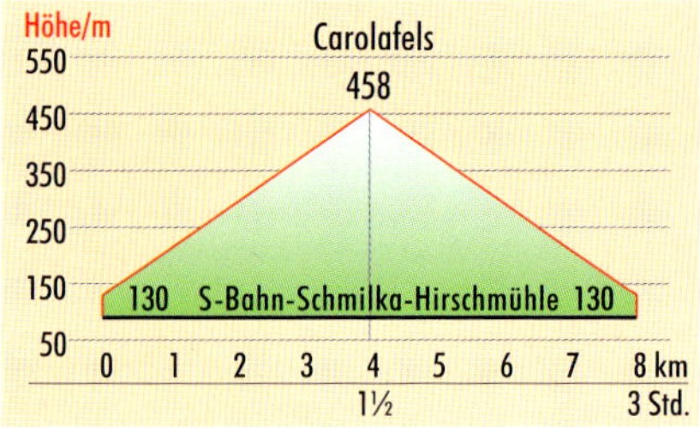

Ausgangspunkt: S-Bahn-Haltestelle Schmilka-Hirschmühle. Anfahrt auf der B 172 Dresden – Pirna – Königstein – Bad Schandau – Schmilka.
Bahn/Bus: S-Bahn Dresden – Pirna – Königstein – Schöna. Buslinie Bad Schandau – Schmilka.
Gehzeit: 3 Std., davon 1½ Std. Aufstieg zum Carolafels.
Charakter: Bergwanderung auf Wegen, Steigen und Pfaden mit hervorragenden Aussichtspunkten; zahlreiche Stufenanlagen.
Einkehr: Schmilka.
Karte: KOMPASS Nr. 810, 761 (1:30.000).

Diese eindrucksvolle Tal-, Fels- und Panoramawanderung führt durch das wild zerklüftete Felsgebiet oberhalb von Schmilka.
An der S-Bahn-Haltestelle **Schmilka-Hirschmühle** setzen wir mit der Elbfähre nach **Schmilka** über und wandern talaufwärts, wobei die Mark. »Gelbstrich« auf dem Wurzelweg die Route weist. Wo am oberen Ortsende an der Ilmenquelle, einer Spaltquelle, die

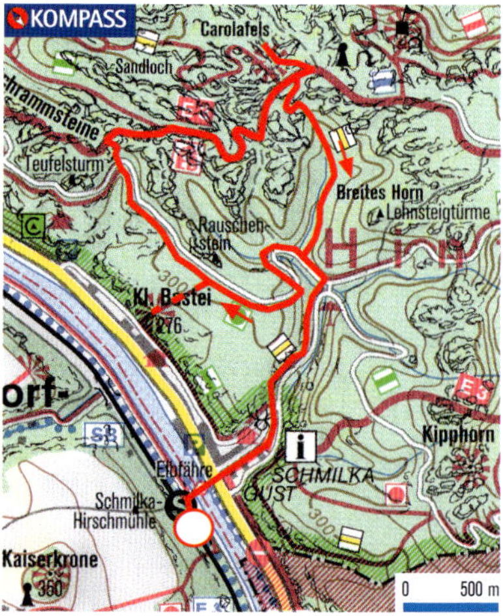

anderen Markierungen rechts abzweigen, wandern wir geradeaus weiter auf dem steilen Wurzelweg, den imposante Felskulissen überragen. Oben an der Verzweigung **Zwieselhütte** verlassen wir den Wurzelweg und folgen der Gelbstrich-Mark. links auf dem Abkürzer Roßsteigl zum Heringsgrund. Während der Gelbstrich-Steig durch den Heringsgrund weiter aufwärts führt (unser Rückweg), zweigen wir links auf den Elbleitenweg (»Grünpunkt«) ab, an dem wenig später der aussichtsreiche Abstecher (»Grün-

Aufwärts in einer grandiosen Felsenwelt

strich«) zur **Kleinen Bastei** (276 m) ausgeschildert ist. Die Kleine Bastei gewährt eine exzellente Aussicht über das Elbtal (von der Kleinen Bastei kann man dem »Grünstrich« zurück ins Elbtal folgen; Bushaltestelle). Dem Elbleitenweg folgen wir weiter, vorbei am riesigen Rauschenstein, bis zur **Breite-Kluft-Verzweigung**, wechseln hier rechts auf den Grünstrich-Weg und steigen dann hinauf zum Schrammsteinweg (»Blaustrich«), den wir an einer seiner schönsten Aussichtsstellen erreichen. Ihm folgen wir rechts auf dem Zurückesteig zur Gelbstrich-Verzweigung und noch ein kurzes Stück weiter auf dem Reitsteig, bis links der Aussichtspunkt **Carolafels** ausgeschildert ist. Vom Carolafels kehren wir zurück zur Verzweigung und steigen auf der **Heiligen Stiege** (»Gelbstrich«), einer seit dem Mittelalter bekannten Steiganlage (Leitern, Stufen, Aussicht), hinab in den **Heringsgrund**. Bald treffen wir wieder auf die bekannte Route und wandern zurück nach **Schmilka**.

Carolafels

Der Carolafels oberhalb des Schrammsteinwegs und der Wilden Hölle ist einer der schönsten Aussichtspunkte der Sächsischen Schweiz. Prächtig ist der Tiefblick in den Großen Dom, aus dem sich der Doppelgipfel Domwächter/Rohnspitze erhebt, während im Mittelgrund die Schrammsteinkette, der Falkenstein und im Norden die Hohe Liebe das Bild beherrschen; weiter elbabwärts zeigen sich der Lilienstein und die Basteiwände.

28

Schmilka – Großer Winterberg – Kipphorn

Steil auf den höchsten Berg rechts der Elbe

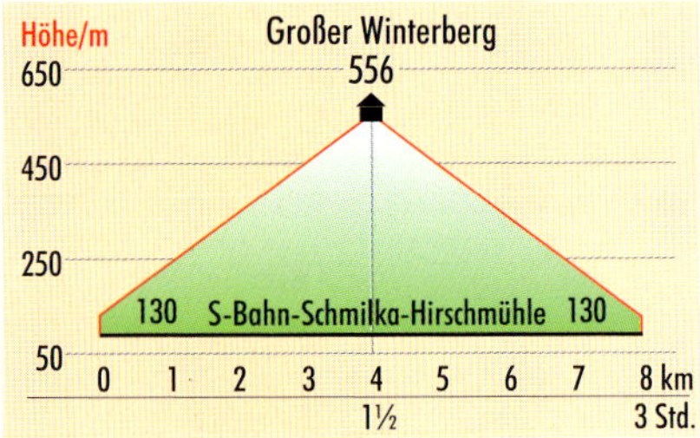

Ausgangspunkt: S-Bahn-Haltestelle Schmilka-Hirschmühle. Anfahrt siehe S. 80.
Bahn/Bus: S-Bahn Dresden – Pirna – Königstein – Schöna. Buslinie Bad Schandau – Schmilka.
Gehzeit: 3 Std., davon 1½ Std. Aufstieg zum Großen Winterberg.
Charakter: Beeindruckende Bergwanderung auf Wegen, Steigen und Pfaden (teils mit Treppen und Stufen) mit hervorragenden Aussichtspunkten.
Einkehr: Schmilka, Großer Winterberg.
Karte: KOMPASS Nr. 810, 761 (1:30.000).

Von Schmilka führt diese Wanderung auf den Großen Winterberg, den höchsten Berg der Sächsischen Schweiz rechts der Elbe. Wir setzen an der S-Bahn-Haltestelle **Schmilka-Hirschmühle** mit der Elbfähre nach **Schmilka** über und wandern talaufwärts, wobei die Mark. »Gelbstrich« auf dem Wurzelweg die Route weist. Wo am oberen Ortsende – an der Ilmenquelle, einer Spaltquelle – die anderen Markierungen rechts abzweigen, wandern wir geradeaus weiter auf dem steilen Wurzelweg, den imposante Felskulissen überragen. Oben an der Verzweigung **Zwieselhütte** ver-

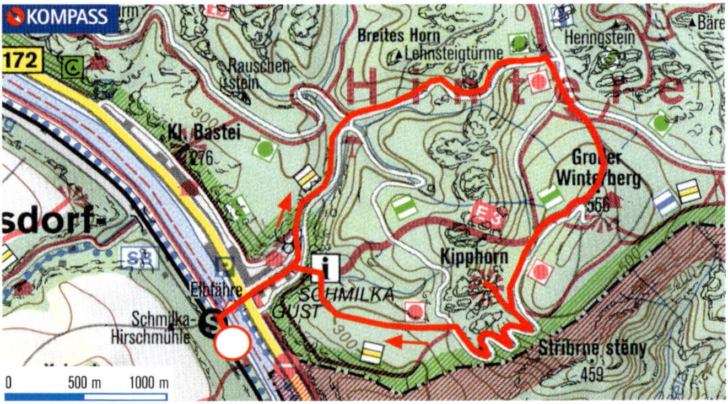

Tiefblick zur Elbe.

lassen wir dann den »Gelbstrich« und folgen dem nunmehr mit »Grünpunkt« markierten Wurzelweg, oberhalb erheben sich die Lehnsteigtürme (großartige Variante zum Wurzelweg ist der an der Abzweigung ausgeschilderte Lehnsteig) und die Kapellenwände sowie im Süden die Poblätzschwände. Endlich erreichen wir den Wurzelborn, die Quelle des Bächleins, welches uns während des Aufstiegs immer wieder begleitet hat. Nach kurzem weiterem Aufstieg mündet der Wurzelweg auf den EB (»Blaustrich«), dem wir im Wald hinauf zum autofreien Gasthof auf dem **Großen Winterberg** folgen. Der Abstieg erfolgt wie bei Tour 26 über das Kipphorn.

Großer Winterberg

Die landschaftsprägende Basaltkuppe des Großen Winterbergs (556 m) ist die höchste rechtselbische Erhebung der Sächsischen Schweiz. Als eines der artenreichsten Gebiete des Gebirges liegt sie autofrei in der Kernzone des Nationalparks, wild zerklüftete Sandsteinmassive säumen wie gigantische Kulissen das Basaltgebiet.
Der jungvulkanische Basaltgang durchzieht den Sandstein auf einer Länge von einem Kilometer und 100 m Breite. Auf dem basaltischen Verwitterungslehm hat sich ein Buchenwald mit artenreicher Strauchschicht entwickelt (Waldmeister, Bergehrenpreis, Lungenkraut, Haselwurz, diverse Heilkräuter). In der Nähe des autofreien Berggasthofs sind Basaltsäulen zu sehen, Basaltblöcke finden sich auch weit verstreut in den Sandsteinflanken des Großen Winterbergs.

Goldsteinaussicht – Großer Winterberg – Winterstein

Zur größten Felsenburg der Hinteren Sächsischen Schweiz

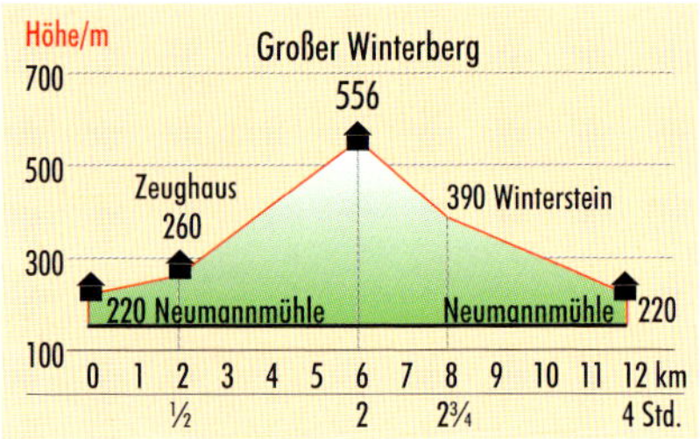

Ausgangspunkt: Bushaltestelle Neumannmühle im Kirnitzschtal; Anfahrt auf der B 172 Dresden – Pirna – Königstein – Bad Schandau und abzweigen in das Kirnitzschtal.
Bus: Buslinie Bad Schandau – Hinterhermsdorf.
Gehzeit: 4 Std., davon ½ Std. zum Zeughaus, 1½ Std. auf den Großen Winterberg und ¾ Std. zum Winterstein.
Charakter: Beeindruckende Schlucht- und Bergwanderung auf Wegen, Steigen und Pfaden (teils mit Treppen und Stufen) mit hervorragenden Aussichtspunkten.
Einkehr: Neumannmühle, Zeughaus, Großer Winterberg.
Karte: KOMPASS Nr. 810, 761 (1:30.000).

Durch die imposante Schlucht des Großen Zschands führt diese Wanderung zur Goldsteinaussicht und zum Hinteren Raubschloss auf dem Winterstein. Von der **Neumannmühle** im Kirnitzschtal leitet die Mark. »Gelbstrich« durch den **Großen Zschand**, passiert die Rotstrich-Abzweigung (Zeughausstraße) zum Winterstein und erreicht in einer Weitung dieser Sandsteinschlucht das **Zeughaus**, an dem mehrere Wege zusammentreffen. Hier wech-

Erste Frühlingsboten – wilde Veilchen.

seln wir rechts auf den steil aufwärts führenden **Roßsteig** und steigen wenig später links zur **Goldsteinaussicht** auf. Die oberhalb des Zeughauses und in unmittelbarer Nähe des Goldsteins, eines Klettergipfels, gelegene Felskanzel gewährt einen sehr guten Einblick in das Schluchtensystem des Großen Zschand sowie auf die Basaltkuppen jenseits der Thorwalder Wände in der Böhmischen Schweiz, während sich im Westen die Kuppe des Großen Winterbergs rundet.

Wir folgen dem Roßsteig weiter aufwärts und kommen dabei an einem geologischen Aufschluss vorbei, dem **Zeughausgang** (Basalt). Bald nach Passieren des allseits überhängenden **Katzensteins** und des **Winterborns** (Quelle) erreicht der Roßsteig eine Verzweigung; wer einkehren will, erreicht links in 20 Min. das Berghotel auf dem Großen Winterberg. Zurückgekehrt zur Verzweigung, steigen wir in das **Heringsloch** ab, wo auf halber Höhe der Rotstrich-Weg kreuzt. Diesem Weg (Pfad/Steig) folgen wir nun rechts durch das **Försterloch**, in dem im 18. Jh. erfolglos nach Gold gegraben wurde, umrunden die Riffspitze der Bärenhörner, wandern unterhalb der gewaltigen Nordflanke des Großen Bärenhorns entlang, passieren den Elfiturm und weitere Felsen und erreichen das **Hintere Raubschloss** auf dem aussichtsreichen **Winterstein**. (*Vorsicht:* Luftiger Leiteraufstieg!)

Vom Winterstein leitet der Rotstrich-Weg abwärts in den Großen Zschand, dem wir links zurück zum **Ausgangspunkt** folgen.

Das Raubschloss auf dem Winterstein

Der Winterstein (390 m), ein aussichtsreicher Sandsteinhärtling zwischen Großem und Kleinem Zschand, trägt die Reste einer der größten Felsenburgen der Hinteren Sächsischen Schweiz. Die auch Hinteres Raubschloss genannte Burg kontrollierte die alte Straße von Schandau nach Zittau. Die ältesten Funde datieren aus der Zeit um 1250, im Jahr 1379 wird sie in böhmischem Besitz erstmals erwähnt, 1442 wurde das Raubschloss von Truppen des Sechsstädtebunds zerstört, 1451 fiel der Burgfelsen an Sachsen.

30

Thorwalder Wände

Durch die Felsen über dem Großen Zschand

Ausgangspunkt: Bushaltestelle Neumannmühle im Kirnitzschtal; Anfahrt auf der B 172 Dresden – Pirna – Königstein – Bad Schandau und abzweigen in das Kirnitzschtal.
Bus: Buslinie Bad Schandau – Hinterhermsdorf.
Gehzeit: 3½ Std., davon ½ Std. zum Zeughaus, gut 1½ Std. zur Hickelhöhle und knapp 1 Std. zurück zum Zeughaus.
Charakter: Beeindruckende Schlucht- und Felswanderung auf Wegen, Steigen und Pfaden, unter denen der Reitsteig als technisch anspruchsvoll gilt.
Einkehr: Neumannmühle, Zeughaus.
Karte: KOMPASS Nr. 810, 761 (1:30.000).

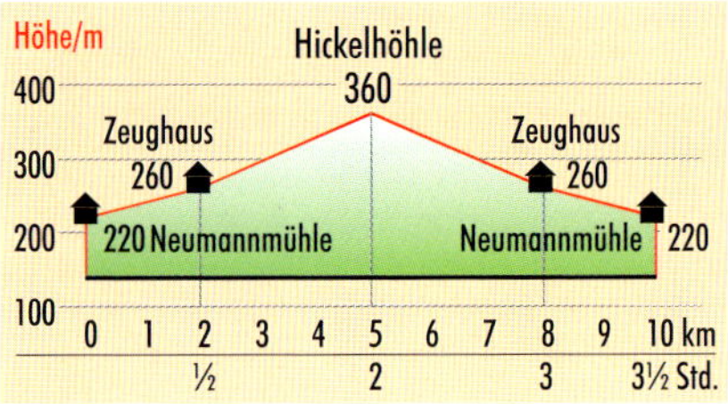

Diese kurze Wanderrunde führt durch die Schlucht des Großen Zschand und auf dem Reitsteig, einem der urtümlichsten und anspruchsvollsten Steige, durch die Thorwalder Wände. Wie bei Tour 29 folgen wir der Gelbstrich-Markierung von der **Neumannmühle** auf einem fahrradfähigen Weg durch den imposanten **Großen Zschand** zum **Zeughaus**, wobei unterwegs die vom Winterstein herabführende Rotstrich-Route einmündet. Während die Rotstrich-Route vom Zeughaus weiter im Großen Zschand aufwärts führt (unser Rückweg), wechseln wir bei erster Gelegenheit auf die Grünstrich-Route, die auf dem Großen Hochhübelweg links hinauf in den Hang des Hochhübels führt. Schon bald verlässt die Grünstrich-Route den bequemen Weg und wechselt rechts auf den Reitsteig, einen der urigsten und beeindruckendsten Steige der Sächsischen Schweiz. Im Wechsel von Wald und Aussichtsstellen schlängelt sich der Weg völlig eben, aber in zahlreichen Win-

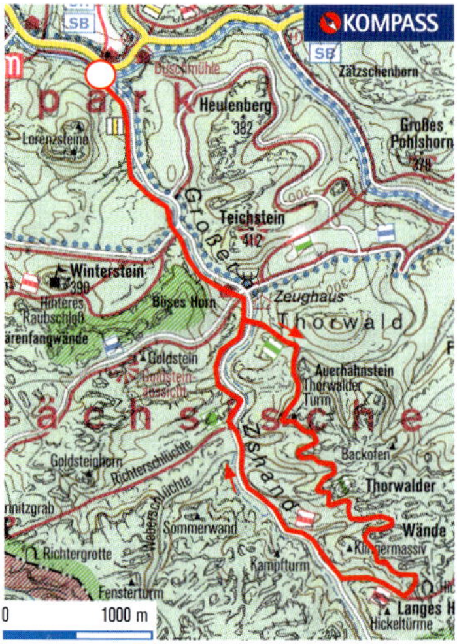

Unter hoch aufragenden Felsen schlängelt sich der Pfad dahin.

dungen durch die Felsenwelt im Westen der **Thorwalder Wände**, eines stark erodierten Sandsteinmassivs. Am Ende des Reitsteigs erwartet uns mit der **Hickelhöhle** die nach der Diebshöhle am Quirl zweitgrößte Höhle der Sächsischen Schweiz.
An der Hickelhöhle mündet die Grünstrich- wieder auf die Rotstrich-Route, und letzterer folgen wir auf einem schmalen Weglein durch die **Hickelschlüchte** hinab in den **Großen Zschand**. Ihm folgen wir in voller Länge via **Zeughaus** zurück zur **Neumannmühle**, dem Ausgangspunkt.

Holzschliffmuseum in der Neumannmühle

Die Neumannmühle an der Ausmündung des Großen Zschand besteht aus dem Gasthaus und der eigentlichen Mühle, in der ein kleines Museum untergebracht ist. Herzstück ist ein Holzschleifer (1871/72) zur Herstellung von Holzschliff für die Papierindustrie. Der von Gottlob Keller im Jahr 1843 erfundene Holzschliff bedeutete eine Revolution in der Papierherstellung: Der bis dahin übliche, endlos lange Fäulnisprozess, dem Lumpen u. a. »Hadern« unterzogen wurden, wurde ersetzt durch die Gewinnung von Fasern aus entrindeten, unbehandelten Hölzern, die unter mehr oder weniger großer Wasserzugabe gegen einen rotierenden Stein gepresst wurden. Die Fasern wurden weiter verarbeitet zum so genannten holzhaltigen Papier. Keller, der sein Patent nicht zu vermarkten verstand, starb im Jahr 1895 verarmt in Krippen (Keller-Museum), während andere mit seiner Erfindung reich wurden. Fast alle Mühlen im Kirnitzschtal stellten im ausgehenden 19. Jahrhundert auf Holzschliff um.

31

Teichstein und Zschand

Hervorragende Schluchten- und Aussichtswanderung

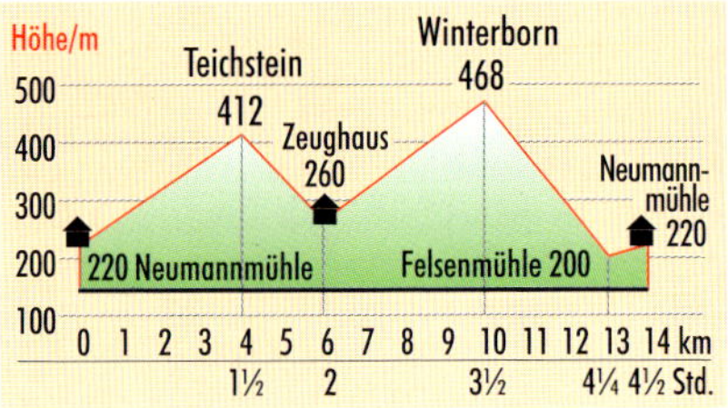

Ausgangspunkt: Bushaltestelle Neumannmühle im Kirnitzschtal; Anfahrt auf der B 172 Dresden – Pirna – Königstein – Bad Schandau; abzweigen in das Kirnitzschtal.
Bus: Buslinie Bad Schandau – Hinterhermsdorf.
Gehzeit: 4½ Std., davon 1½ Std. auf den Teichstein, ½ Std. zum Zeughaus, 1½ Std. zum Winterborn und 1 Std. Abstieg via Felsenmühle zur Neumannmühle.
Charakter: Beeindruckende Schlucht- und Bergwanderung auf Wegen und Pfaden mit hervorragenden Aussichtspunkten.
Einkehr: Neumannmühle, Zeughaus, evtl. Großer Winterberg.
Karte: KOMPASS Nr. 810, 761 (1:30.000).

Großer und Kleiner Zschand sind zwei imposante Canyons in der Hinteren Sächsischen Schweiz, die trotz radfähig ausgebauter Wege einen Flair von Urtümlichkeit bewahrt haben. Der Teichstein hoch über dem Großen Zschand gewährt einen ausgezeichneten Tiefblick.

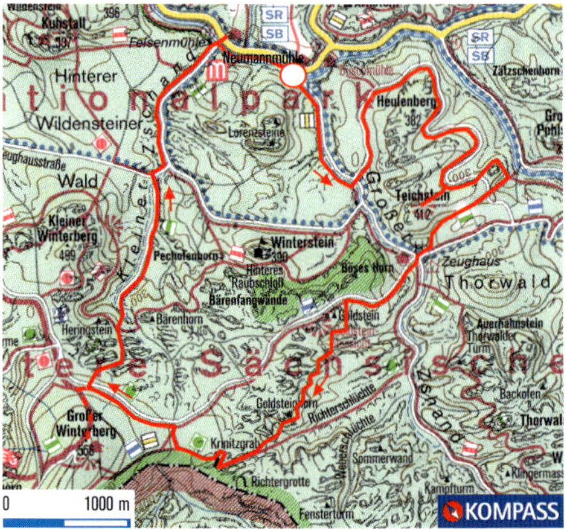

Von der **Neumannmühle** im tief eingeschnittenen und engen Kirnitzschtal leitet die Mark. »Gelbstrich« in den noch engeren, kühlen **Großen Zschand** hinein. Rechts und links steigen Felswände und -türme auf. Vom rollstuhlfähigen Wanderweg biegen wir links auf den **Flügel E** ab, einen Forstweg, der den buchenbestandenen **Heulenberg** (Basalt) umrundet und an den Felsabstürzen des **Neustelligen Hübels** vorbeiführt und nach der Durchwanderung des **Schäfergrund**-Schlussbereichs eine Verzweigung mit Wegweisern erreicht. Hier folgen wir der Beschilderung auf einem teilweise ausgesetzten, mit Ketten ge-

Waldmeister und Farne erfreuen am Wegrand.

sicherten Pfad/Stufensteig auf den **Teichstein**, auf dem sich (auch schon vorher) eine grandiose Aussicht bietet. Vom Teichstein kehren wir zurück zur Verzweigung und folgen dem Flügel E hinab zum **Zeughaus** in einer Weitung des Großen Zschand. Vom Zeughaus bieten sich mehrere Routen an, um in den Kleinen Zschand zu wechseln, darunter der **Roßsteig**, dem wir steil hinauf Richtung Goldsteinaussicht folgen. Noch vor diesem Aussichtspunkt zweigt am Goldstein links der unmarkierte **Goldsteig** ab, einer der schönsten Pfade der Hinteren Sächsischen Schweiz. In zahlreichen Windungen schlängelt er sich durch die Zschand-Felsenwelt und mündet zuletzt auf den durch die Richterschlüchte heraufführenden Grünpunkt-Weg (links kurzer Abstecher zur **Richtergrotte**).
Dem »Grünpunkt« in der **Richterschlüchte** aufwärts folgend, treffen wir kurz hinter dem **Krinitzgrab** auf die deutsch-tschechische Grenze, folgen ihr rechts und befinden uns wenig später wieder auf dem Roßsteig. Bequem leitet er durch den Hang des Großen Winterbergs am **Winterborn** vorbei zu einer großen Wegkreuzung (links: Abstecher zum Gasthaus auf dem Großen Winterberg), an der der Abstieg in den Kleinen Zschand beginnt: Dem »Grünstrich« folgen wir steil hinab durch das **Heringsloch** und in den **Kleinen Zschand**, an dessen Ende wir die **Felsenmühle** im Kirnitzschtal erreichen. Von hier führt der Flößersteig talaufwärts und zurück zum **Ausgangspunkt**.

Teichstein-Aussicht

Der auf einem gesicherten Steig erreichbare Teichstein ist neben der Goldsteinaussicht einer der schönsten Wanderaussichtspunkte des Zschand-Gebiets in der Hinteren Sächsischen Schweiz. Im Südosten spitzt hinter den Thorwalder Wänden der Vulkankegel des Rosenbergs hervor, im Südwesten rundet sich oberhalb des Goldsteins die mächtige Basaltkuppe des Großen Winterbergs, an den rechts der Kleine Winterberg und die Affensteine anschließen, während zwischen Großem und Kleinem Zschand der markante Härtling des Wintersteins (Hinteres Raubschloss) hervorklotzt und sich weiter rechts die Lorenzsteine erheben. Tief unten im Großen Zschand sehen wir die Häuser am Zeughaus; vom dortigen ehemaligen Teich soll der Teichstein seinen Namen haben.

Felsenmühle – Großstein

Großartiges Panorama der Hinteren Sächsischen Schweiz

Ausgangspunkt: Bushaltestelle Felsenmühle im Kirnitzschtal; Anfahrt auf der B 172 Dresden – Pirna – Königstein – Bad Schandau und abzweigen in das Kirnitzschtal.
Bus: Buslinie Bad Schandau – Hinterhermsdorf.
Gehzeit: 1¾ Std., davon knapp ½ Std. Aufstieg zum Großstein.
Charakter: Berg-, Wald- und Wiesenwanderung auf Wegen und Steigen (teils mit Stufen und Treppen) mit guten Aussichtspunkten.

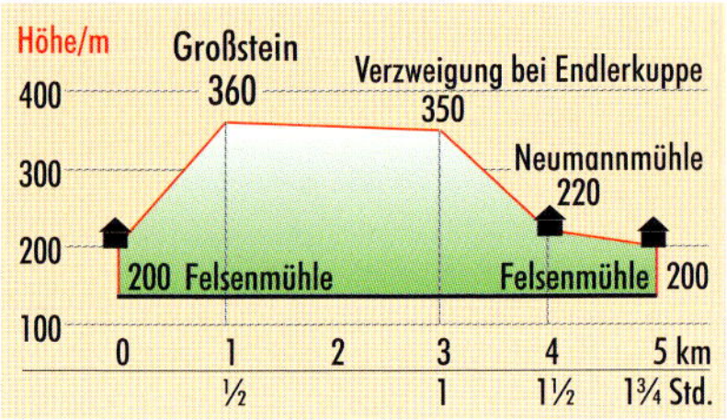

Einkehr: Felsenmühle, Neumannmühle, evtl. Ottendorf (Abstecher).
Karte: KOMPASS Nr. 810, 761 (1:30.000).

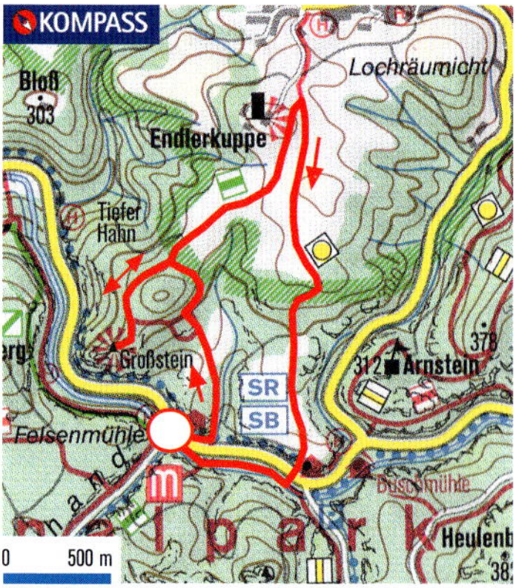

Von der Felsenmühle im Kirnitzschtal führt diese Wald- und Panoramawanderung auf den Großstein, eine der aussichtsreichsten Felskanzeln der Hinteren Sächsischen Schweiz.
Der Name des Gasthauses **Felsenmühle** am Ausgangspunkt an der Einmündung des Kleinen Zschand in das Kirnitzschtal erinnert an die einst größte Mühle in diesem von hohen Felswänden überragten Tal, über dem oberhalb der Felsenmühle das erste Etap-

Großstein

Der Großstein, eine Aussichtskanzel über der nördlichen Steilwand des Kirnitzschtals hoch über der Felsenmühle, bietet eines der umfassendsten Panoramen der Hinteren Sächsischen Schweiz. Während tief unten im Tal die Felsenmühle liegt, beherrschen jenseits des Tals im Süden die Felsriffe und Felshörner von Teichstein, Thorwalder Wänden, Lorenzsteinen und Winterstein das Panorama, weiter rechts runden sich Großer und Kleiner Winterberg, westlich davon zeigen sich der Frienstein und die Schrammsteine mit dem deutlich von der Kette abgesetzten Hohen Torstein. Im Osten bilden die nahen Pohlshörner die markantesten Blickfänge, während in der Böhmischen Schweiz die Jedlová (Tannenberg) hervorspitzt.

Leitern und Stufen helfen beim Aufstieg.

penziel liegt: der Großstein. Vom Gasthaus leitet die Mark. »Grünstrich« aufwärts Richtung Ottendorf auf einem wurzeligen Weglein, das bei einem Bach auf einen Forstweg mündet, und dieser führt rasch aufwärts im Wald. Oben an der Verzweigung am **Kühnberg** (so benannt wegen seiner »Berg«-Form im Unterschied zu den »Steinen«) geht es links weiter zum **Großstein**, wo sich eines der wohl besten Panoramen der Hinteren Sächsischen Schweiz öffnet.

Vom Großstein kehren wir zurück zur Verzweigung am Kühnberg und folgen der Grünstrich-Markierung durch den bewaldeten Hang weiter Richtung Ottendorf, am Waldrand lädt bei einer Infotafel eine Sitzbank zu aussichtsreicher Rast. In den Wiesen führt der Weg auf die Endlerkuppe zu, auf der die Relikte einer »Jugendburg« thronen. Nach Passieren dieses links liegen bleibenden Gebäudes treffen wir kurz vor dem kleinen Dorf **Ottendorf** (Abstecher: Einkehrmöglichkeit) an einer Verzweigung auf die Mark. »Gelbpunkt« und folgen ihr scharf rechts durch die Wiesen zurück Richtung Kirnitzschtal. Erneut lädt eine Sitzbank zur Rast, dann erfolgt im Wald der steile Abstieg ins Kirnitzschtal. Dort kehren wir von der **Neumannmühle** (Holzschliffmuseum, siehe Seite 87) auf dem Flößersteig zurück zur **Felsenmühle**.

Saupsdorf – Arnstein – Pohlshorn

Eine Felsenburg und hervorragende Panoramen

Ausgangspunkt: Bushaltestelle an der Durchgangsstraße in Kirnitzschtal-Saupsdorf. Anfahrt auf der B 172 Dresden – Pirna – Königstein – Bad Schandau und abzweigen in das Kirnitzschtal.
Bus: Regionaler Busverkehr.
Gehzeit: 5½ Std., davon gut 1 Std. zum Arnstein, knapp 1 Std. zum Zeughaus, ½ Std. zur Thorwalder Brücke und gut 1 Std. weiter zum Großen Pohlshorn.
Charakter: Wald- und Schluchtenwanderung auf Wegen, Steigen und Pfaden (teils mit Stufen und Treppen); Trittsicherheit erforderlich.
Einkehr: Saupsdorf, Buschmühle, Neumannmühle, Zeughaus, Räumichtmühle.
Karte: KOMPASS Nr. 810, 761 (1:30.000).

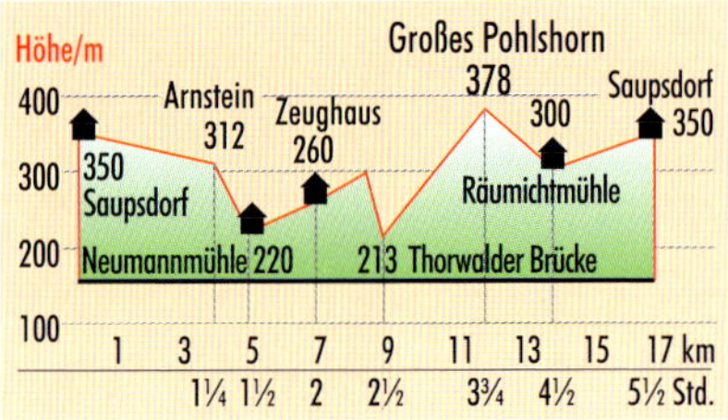

Von Saupsdorf, das mit seinen zahlreichen Fachwerk- und Umgebindehäusern des 18./19. Jh. zu den schönsten Dörfern der Sächsischen Schweiz zählt, führt diese Wiesen-, Schluchten- und Waldwanderung zur Felsenburg Arnstein und zum Großen Pohlshorn, das ein überragendes Panorama gewährt.

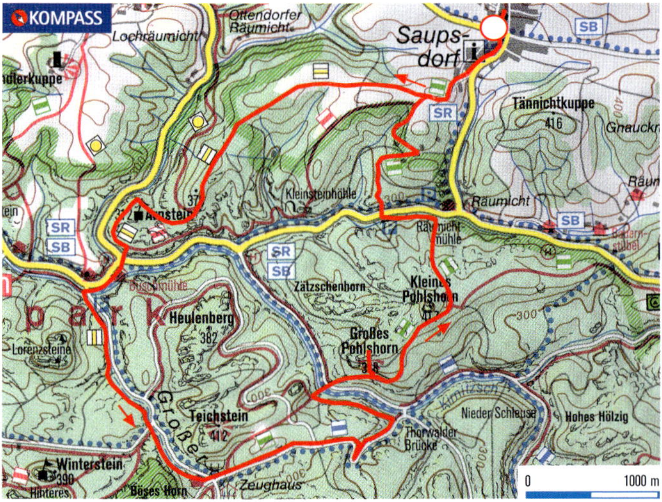

Mehrere Markierungen verlassen **Saupsdorf** südwärts auf gemeinsamer Route, darunter der »Gelbstrich«, dem wir anfangs in aussichtsreicher Feld- und Wiesenflur und dann im Wald zum Aussichtspunkt **Trägers Wonne** auf der Abbruchkante hoch über dem Kirnitzschtal folgen. Direkt südlich des Tals ragt der Heulenberg auf, links davon zeigt sich das Große Pohlshorn. Von Trägers Wonne leiten der »Gelbstrich« und die Mark. »Gelbpunkt«, die kurz zuvor auf die Route eingemündet ist, weiter zur **Felsenburg Arnstein**. Ausgeprägte Höhenangst kann beim Zugang zum Burgfelsen (Treppen, Klammern und Stufen) hoch über dem Mündungsbereich des Dorfbachgrunds in das Kirnitzschtal hinderlich sein. Wer den Gipfelfelsen erreicht, der einst die Oberburg trug, genießt ein prachtvolles Panorama, das auch diejenigen genossen, die diese **Ottendorfer Raubschloss** genannte Festung einst benutzten, um die Menschen der Umgebung auszuplündern und zu terrorisieren. Zerstört wurde die Raubburg im Jahr 1451.

Vom Arnstein leiten die gelben Markierungen steil hinab zur **Buschmühle**, einer Mahl- und Schnittmühle im Kirnitzschtal. Im Tal kurz abwärts, bis der »Gelbstrich« bei der **Neumannmühle** links in den Canyon des **Großen Zschand** wechselt und auf bequemem Weg zum **Zeughaus** führt. Hier schließen wir uns der Blaustrich-Mark. an, die auf dem ebenfalls bequemen Saupsdorfer Weg zur **Thorwalder Brücke** im Kirnitzschtal führt. Dort wandern wir kurz talabwärts, bis die Mark. »Grünstrich« rechts zum **Großen Pohlshorn** abzweigt, dessen Gipfel ein wunderbares Panorama gewährt. An der Schutzhütte nach Passieren des Kleinen Pohlshorns zweigen wir links in die **Mühlschlüchte** ab (weiterhin Grünstrich) und treffen bei der **Räumichtmühle** auf die Schandauer Straße. Ihr und dem Saupsdorfer Bach folgen wir links – weiterhin mit »Grünstrich« – hinab. Schon bald zweigt der »Grünstrich« rechts hinauf ab und erreicht nach steilem Aufstieg den Aussichtspunkt **Sturmbauers Eck**. Ausgeschildert sind die nahen Kleinsteinaussichten. Es ist nicht mehr weit, und mit einem aussichtsreichen Wiesenfinale nach **Saupsdorf** endet die Wanderung.

Abstecher: der Weifberg

Der Aussichtsturm auf dem Weifberg (478 m) bei Hinterhermsdorf in der Nähe der tschechischen Grenze bietet ein unvergleichliches 270°-Panorama, das vom Riesengebirge bis zu den Felsszenerien der Sächsich-Böhmischen Schweiz und bis zum Erzgebirge reicht. 173 Stufen sind in dem 37 m hohen Holzbalkenturm zu überwinden, ehe man auf der Aussichtsplattform über die Baumwipfel lugt. Im Vordergrund zeigt sich Hinterhermsdorf, von wo aus der Weifberg auf der Nixdorfer Straße in knapp ½ Wanderstunde zu erreichen ist. Zu den markantesten Blickfängen zählen der Rosenberg, der Große Winterberg, die Schrammsteine und der Falkenstein, während ganz im Westen der Triebenberg steht, die höchste Erhebung von Dresden. Vom Weifberg führt ein Wanderweg in etwa paralllel zur Grenze zum Wachberg bei Saupsdorf.

Hinterhermsdorf – Obere Schleuse

Im Bann der oberen Kirnitzsch

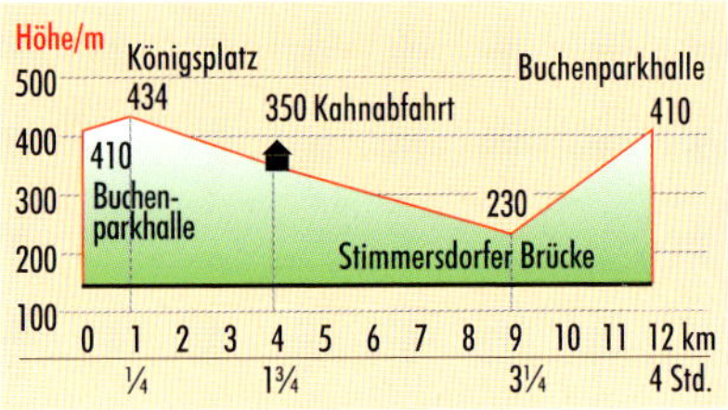

Ausgangspunkt: Parkplatz Buchenparkhalle südlich von Sebnitz-Hinterhermsdorf. Anfahrt auf der B 172 Dresden – Pirna – Königstein – Bad Schandau und abzweigen in das Kirnitzschtal Richtung Hinterhermsdorf.
Bus: Buslinien Bad Schandau – Hinterhermsdorf und Sebnitz – Hinterhermsdorf.
Gehzeit: 4 Std., davon ¼ Std. zum Königsplatz, gut 1½ Std. zur Kahnabfahrt und 1½ Std. zur Stimmersdorfer Brücke.
Charakter: Überwiegend Schluchtenwanderung mit mehreren Steiganlagen.
Einkehr: Kahnabfahrt (Imbiss).
Karte: KOMPASS Nr. 810, 761 (1:30.000).

Von Hinterhermsdorf führt diese Schluchtenwanderung zur Oberen Schleuse, wo sich die Wanderung saisonal durch eine Kahnfahrt auf der Kirnitzsch verkürzen lässt.
Vom Parkplatz **Buchenparkhalle** südlich von **Hinterhermsdorf** leitet die Mark. »Blaustrich« auf einem schnurgeraden Forstweg, dem **Hohweg**, in Richtung der »Bootsanlegestelle Obere Schleuse«. Man kann dieser vor allem in den Sommermonaten rege frequentierten Standardroute direkt zum Bootsanleger folgen, an Tagen mit klarer Sicht ist jedoch an der bald erreichten Verzweigung die länger dauernde Variante über den aussichtsreichen Königsplatz zu empfehlen.
Von der Verzweigung führt die Markierung »Rotstrich« hinauf zum **Königsplatz**, einem Sandsteinsporn, der das beste Panorama im Hermsdorfer Gebiet ermöglicht: Markant tritt im Südwesten jenseits des Kirnitzschtals der Raumberg hervor, dahinter zeigen sich die Thorwalder Wände und die Rundungen von Großem und Kleinem Winterberg. Benannt ist der Aussichtspunkt nach König Friedrich August II. von Sachsen, für den dieser Platz in den 1830er Jahren wandertouristisch zugänglich gemacht wurde.
Vom Königsplatz leitet die Rotstrich-Markierung steil abwärts durch eine großartige Felslandschaft (teils mit Treppen und Stufen), durch eine Tunnel genannte Höhle und an den **Schweinslöchern** vorbei, ehe er auf einen Forstweg mündet und ihm links Richtung **Wettinplatz** folgt, den breiten Forstweg zuletzt durch die Schnepfenschlüchte abkürzend.
Vom Wettinplatz, einer Wegkreu-

Obere Schleuse

Ab dem 16. Jh. wurde die Kirnitzsch zur Holztrift genutzt. Um die Kraft des Wassers durch gezielte »Schwälle« zu verstärken, wurden Stauanlagen errichtet. Die erste dieser Anlagen im Bereich der Oberen Schleuse entstand schon im 16. Jh. Die heutige, 7 m hohe Staumauer wurde 1931 errichtet: Auf einer Breite von 3,15 m staut sie den Fluss zu einem 700 m langen, von Felswänden eingefassten See. Die Kahnfahrt durch diesen Sandsteincanyon ist ein einzigartiges Erlebnis. Kahnfahrten finden von Ostern bis 31. Oktober täglich von 9.00 bis 16.00 Uhr (an Wochenenden bis 17.00 Uhr) statt. Von der Bootsanlegestelle bis zur Staumauer dauert die Fahrt etwa 20 Minuten.

zung mit Schutzhütte und Denkmal für die Dynastie der Wettiner, leitet die Mark. »Grünstrich« weiter zur Wegkreuzung am Hohberg, wo wir wieder auf die Blaustrich-Route treffen und ihr rechts hinab zum Bootsanleger an der **Oberen Schleuse** im Kirnitzschtal folgen.

Von der Oberen Schleuse geht es zum aussichtsreichen **Hermannseck** hinauf, wo uns der »Blaustrich« weiter zur Wolfsschlucht leitet und dann immer dem Lauf der Kirnitzsch folgt, deren Tal sich nach und nach in einen Grund mit lieblichen Wiesen verwandelt. Abstecher zum Luchsstein. An der Verzweigung, nach Passieren der **Stimmersdorfer Brücke**, verlassen wir mit der Rotstrich-Markierung das Kirnitzschtal durch das Lindigtgründel und steigen in Richtung der aussichtsreichen Brüdersteine (Abstecher) auf. Wo sich die zwischenzeitlich eingemündete Mark. »Grünpunkt« und der »Rotstrich« trennen, folgen wir dem »Grünpunkt« zurück zu unserem **Ausgangsort**.

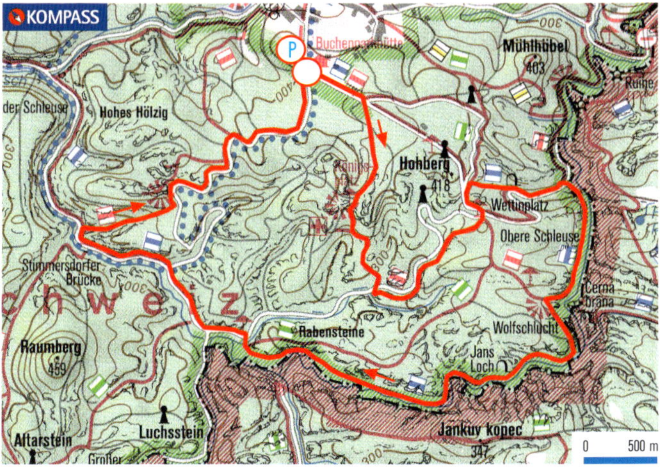

35

Zirkelstein und Kaiserkrone

Zwei herausragende Aussichtssteine

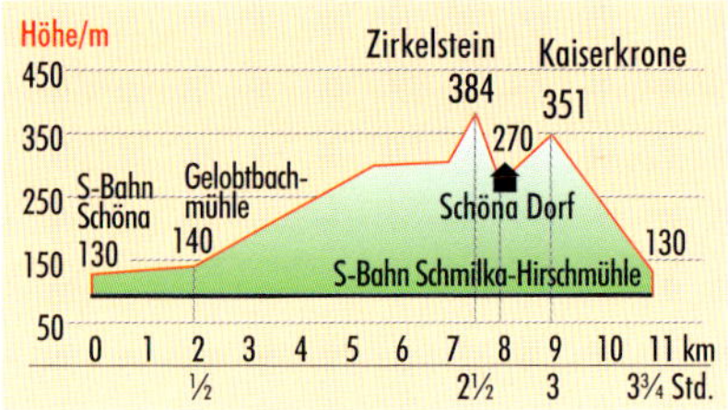

Ausgangspunkt: S-Bahnhof Schöna in Reinhardtsdorf-Schöna. Anfahrt mit dem Pkw wird nicht empfohlen; Parkplätze im Dorf Schöna.
Bus: S-Bahn Dresden – Bad Schandau – Schöna.
Gehzeit: Knapp 4 Std.
Charakter: Trittsicherheit und Orientierungssinn im Gelobtbachtal erforderlich, ansonsten überwiegend bequeme Wege, abgesehen von den Steiganlagen auf Zirkelstein und Kaiserkrone.
Einkehr: Schöna.
Karte: KOMPASS Nr. 810, 761 (1:30.000).

Durch das urtümliche Schluchttal des Gelobtbachs führt diese Wald- und Panoramawanderung zu zwei der markantesten und aussichtsreichsten Steine links der Elbe.

Vom S-Bahnhof **Schöna** folgen wir dem Elberadweg flussaufwärts, am gegenüberliegenden Ufer zeigt sich der tschechische Fremdenverkehrs- und Grenzort Hrensko (Herrns-

Aufblick zum Zirkelstein.

kretschen). Zwischen Schöna und Hrensko pendelt eine Radler- und Wandererfähre. Nach einer halben Stunde auf dem gut ausgebauten Elberadweg unterhalb der Teichsteinbrüche erreichen wir vor dem Radler- und Wander-Grenzübergang die **Gelobtbachmühle** an der Mündung des Gelobtbachs und zweigen rechts ab durch die Bahnunterführung. Während der Elberadweg bequemes Gehen ermöglichte, ist der Pfad im Gelobtbachtal, das sich bald zu einer Schlucht verengt, naturbelassen. Am **Gelobtbach-Wasserfall** beginnt der urtümlichste Teil dieser Schlucht, allerdings ist es nur ein kurzes Stück, dann treten die Felsen wieder auseinander. Am **Kornmarktstein** erinnert die Inschrift »Korn Marht 1812« daran, dass während der napoleonischen Kriege hier trotz Verbots ein üppiger Getreidehandel blühte. Über den Grundweg und den Quergelobtbachweg erreichen wir die **Ziskaquelle**, an der Bänke und Tisch zur Rast laden. Hier halten wir auf dem breiten Forstweg, dem Gelobtweg, rechts, schließen uns an einer Kreuzung der Gelbstrich-Markierung an (rechts) und wandern mit bald hervorragender Aussicht zum **Naturfreundehaus**, bei dem der Aufstieg auf den **Zirkelstein** erfolgt. Anschließend geht es durch die Wiesen hinab in den Ort **Schöna**, wo wir auf die Rotpunkt-Markierung treffen und ihr rechts hinauf Richtung Kaiserkrone folgen. Auch die **Kaiserkrone** bietet eine tolle Aussicht. Nach dem Abstieg muss man sich entscheiden: Entweder folgt man der Rotpunkt-Route auf dem Aschersteig zur S-Bahn-Haltestelle **Schmilka-Hirschmühle** oder man geht auf der Zufahrt zurück zum Ausgangspunkt, dem S-Bahnhof **Schöna**.

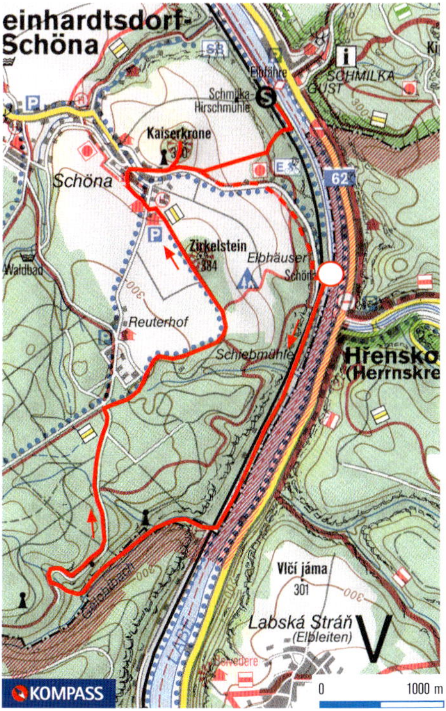

36

Großer Zschirnstein

Auf den höchsten Berg der Sächsischen Schweiz

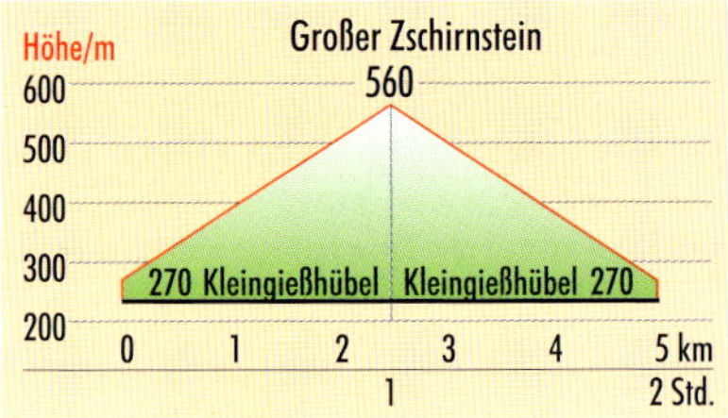

Ausgangspunkt: Parkplatz und Bushaltestelle in Kleingießhübel, Ortsteil von Reinhardtsdorf-Schöna; Anfahrt auf der B 172 Dresden – Pirna – Königstein – Bad Schandau und vor der Elbbrücke rechts ab nach Krippen, dort rechts nach Kleingießhübel.
Bus: Regionaler Busverkehr.
Gehzeit: Knapp 2 Std.
Charakter: Kurze steile Wald- und Aussichtswanderung auf Wegen und Pfaden, teilweise Stufen.
Einkehr: Keine unterwegs.
Karte: KOMPASS Nr. 810, 761 (1:30.000).

Diese schöne, aber gelegentlich steile Wald- und Felswanderung führt auf den aussichtsreichen Großen Zschirnstein, den mit 562 m höchsten Berg der Sächsischen Schweiz.

In **Kleingießhübel** folgen wir dem mit »Rotpunkt« markierten Hirschgrundweg zwischen Fachwerkhäusern talaufwärts, während links die Felswand des Kleinen Zschirnsteins (472 m) aus den Wäldern blickt. Der Weg führt im Mischwald bergan, wobei einige uralte Buchen die Aufmerksamkeit auf sich lenken; eine leicht drehwüchsige, deren Stamm sich in knapp 5 m Höhe dreifach verzweigt, hat einen Umfang von 373 cm. Bald darauf taucht der Weg in farnreichen Kiefernwald ein, dann passieren wir am Fuß des Großen Zschirnsteins die versteckt im Wald liegende Wildpretshöhle (Abstecher), ehe der durch Stufen erschlossene Serpentinensteig durch den Nordabsturz des Großen Zschirnsteins beginnt. Immer wieder öffnet sich eine weite Aussicht, dann erklimmt

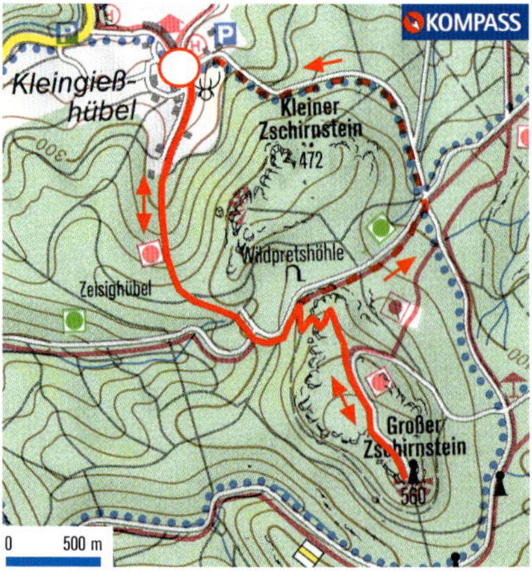

Großer Zschirnstein

Der Große Zschirnstein bildet die höchste Erhebung im sächsischen Teil des Elbsandsteingebirges und bietet eines der umfassendsten Panoramen der Sächsischen Schweiz, elbaufwärts schweift der Blick zu den Basaltkuppen der Böhmischen Schweiz, an klaren Tagen bis zum Iser- und zum Riesengebirge und elbabwärts bis zur Albrechtsburg von Meißen. Anders als die anderen Tafelberg-»Steine« der Sächsischen Schweiz erheben sich der Große und Kleine Zschirnstein nicht aus landwirtschaftlich genutzten Ebenheiten, sondern entragen in relativer Abgelegenheit einem ausgedehnten Waldgebiet. Der Name Zschirnstein soll aus dem Tschechischen kommen und sinngemäß »schwarze Wand« bedeuten; tatsächlich fällt die Felswand des Großen Zschirnsteins am Mittagstisch mehr als 80 m senkrecht in die Tiefe. Jenseits der Grenze steigt das Gelände zum Sandsteinkamm des Hohen Schneebergs (723 m) an; dieser höchste Berg des Elbsandsteingebirges trägt einen Aussichtsturm. Im Osten rundet sich jenseits des Elbtals, ebenfalls auf tschechischer Seite, der Basaltkegel des Rosenbergs. Im Westen zeigen sich die »Steine«.

der Steig das Gipfelplateau, schlängelt sich noch einmal durch Wald und erreicht hinter einer Hütte den **Mittagstisch**, die höchste Erhebung des **Großen Zschirnsteins**. An der Abbruchkante des Felsplateaus fällt der Blick hinab zur bewaldeten Ebenheit, durch die die Grenze zwischen Sachsen und Tschechien verläuft. Zurück bei der Wildpretshöhle geht es rechts zum Waldstraßenkreuz und auf der Anliegerstraße hinab nach **Kleingießhübel**.

Eine Panorama-Orientierungsplatte benennt auf dem Großen Zschirnstein die Punkte im Blickfeld.

37

Kohlborn- und Zschirnstein

Bequeme Tagestour

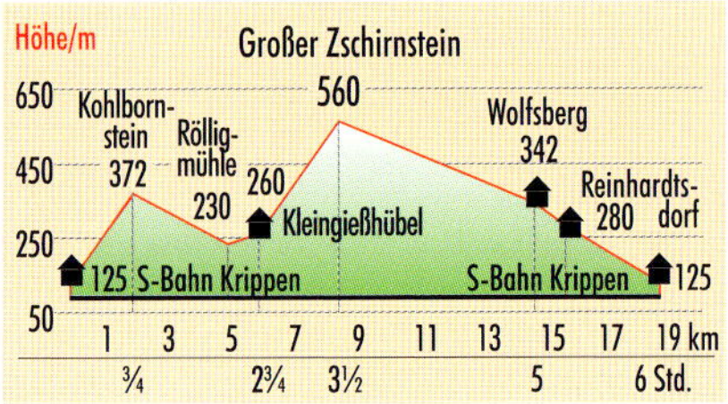

Ausgangspunkt: S-Bhf. Krippen in Bad Schandau-Krippen; hier pendelt auch die Personen- und Radfähre nach Bad Schandau-Postelwitz. Anfahrt auf der B 172 Dresden – Pirna – Königstein – Bad Schandau und vor der Elbbrücke rechts nach Krippen abzweigen.
Bahn/Bus: S-Bahn Dresden – Bad Schandau – Schöna; regionaler Busverkehr.
Gehzeit: 6 Std. Rundwanderung.
Charakter: Bequeme Wald- und Wiesenwanderung. Treppen auf Kohlbornstein und Großen Zschirnstein.
Einkehr: Krippen, Kleingießhübel, Wolfberg, Reinhardtsdorf.
Karte: KOMPASS Nr. 810, 761 (1:30.000).

Von Krippen an der Mündung des Krippenbachtals in die Elbe führt diese ausgedehnte Wald- und Panoramawanderung auf fast durchweg bequemen Wegen über den aussichtsreichen Kohlbornstein zum Großen Zschirnstein, dem höchsten Berg der Sächsischen Schweiz.
Vom S-Bahnhof **Krippen** folgen wir der Straße kurz elbaufwärts zum unteren Ortseingang des Erholungsorts Krippen und wandern im

Blick zu den bewaldeten Lasensteinen.

tief eingeschnittenen Tal des Krippenbachs aufwärts im Ort. Oberhalb der Kirche an der Straßenverzweigung folgen wir kurz der Straße Richtung Kleinhennersdorf durch das Tal des Liethenbachs und biegen gleich darauf bergseitig Richtung »Kohlbornstein« ab; die Rotpunkt-Markierung weist die Route auf dem Koppelsbergweg im Wald. An einem Rastplatz in der Einsattelung zwischen Kohlbornstein und Vorderem Lasenstein beginnt der als Abstecher ausgeschilderte Aufstieg auf das Felsriff des **Kohlbornsteins**, wo sich eine prachtvolle Aussicht über Krippen und das Elbtal hinweg auf die Kette der Schrammsteine und zum Großen Winterberg sowie auf fast alle linkselbischen Steine öffnet.

Zurück am Rastplatz in der Einsattelung, folgen wir der Rotpunkt-Markierung durch den bewaldeten Hang unterhalb der Lasensteine, erreichen endlich die nicht mehr bewirtschaftete Röligmühle im Krippenbachtal und folgen dem Rotpunkt hinauf nach **Kleingießhübel** und weiter wie bei Tour 36 auf den **Großen Zschirnstein**, absteigend auf dem Zschirnsteinweg zur Wanderhütte an der Wegekreuzung, dort auf dem Wiesenweg abwärts Richtung Kleingießhübel, bis der Rotpunkt an der nächsten Kreuzung rechts abzweigt und via Schlosserhübel- und Salzleckenweg zum **Wolfsberg** führt, wo sich erneut ein hervorragendes Panorama öffnet. Es folgt der aussichtsreiche Abstieg nach **Reinhardtsdorf** mit sehenswert ausgestatteter Kirche. In Reinhardtsdorf kann man den Bus nehmen bzw. man folgt der Grünpunkt-Markierung zurück nach **Krippen**.

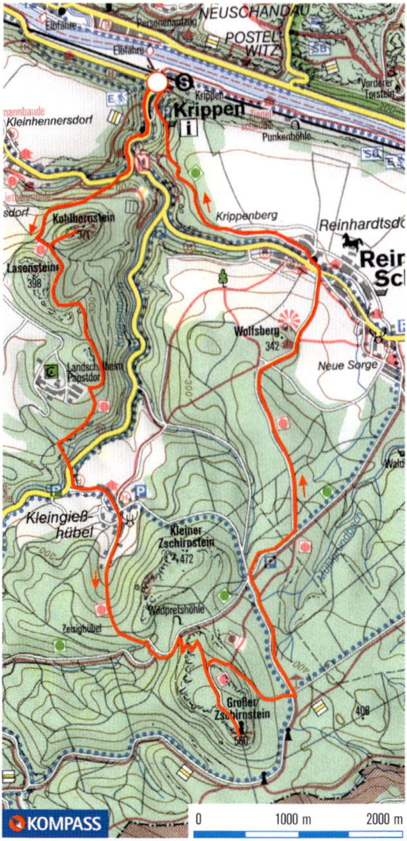

38

Gohrisch und Papststein

Im aussichtsreichen Reich der Steine

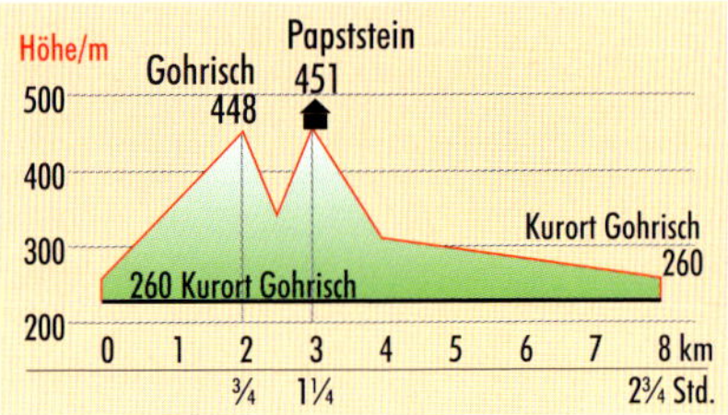

Ausgangspunkt: Bushaltestelle und Parkplatz Gohrisch Ortsmitte. Anfahrt auf der B 172 Dresden – Pirna – Königstein, kurz hinter Königstein rechts ab nach Gohrisch.
Bus: Verkehrsverbund Oberelbe.
Gehzeit: 2¾ Std.
Charakter: Meist bequeme Wald- und Wiesenwanderung, an Gohrisch und Papststein Steiganlagen.
Einkehr: Gohrisch Ort, Papststein.
Karte: KOMPASS Nr. 810, 761 (1:30.000).

Vom Kurort Gohrisch führt diese Wald- und Aussichtswanderung auf die Felsberge Gohrisch und Papststein.

Von den Wanderwegweisern in der Ortsmitte von **Gohrisch** leitet die Gelbpunkt-Markierung aufwärts in das Wiesental des **Stillen Grunds**, oberhalb ragt der Gohrisch auf, beim Blick zurück zeigt sich jenseits des Elbtals der Lilienstein. Oben am Waldrand kann man geradeaus durch den Stillen Grund weitergehen, wir folgen jedoch dem Gelbpunkt-Weg rechts am Waldrand enlang mit einem erstklassigen Panorama, die Aussichtsbank »Onkel Pauls Ruhe« lädt zum Genießen ein. An der Wegkreuzung bei der 1871 gepflanzten **Friedenslinde** wechseln wir links auf den mit »Gelbstrich« markierten Muselweg und wandern im Wald hinauf zum **Gohrisch**, wobei man für den Schlussaufstieg zwischen zwei steilen Leiteraufstiegen (Südseite) und dem bequemeren Aufstieg an der Westseite wählen kann.

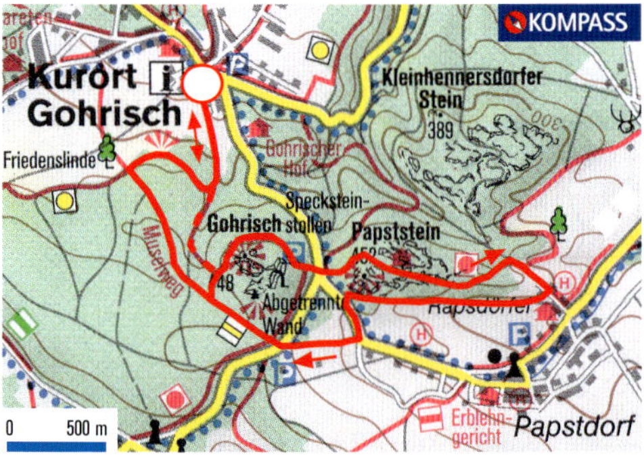

Von der Schutzhütte steigen wir ab zum Naturdenkmal **Säulensandstein** und zum Parkplatz in der Senke zwischen Gohrisch und Papststein, wobei nun die zwischenzeitlich ein-

Gohrisch und Papststein

Das weitgehend baumfreie Plateau des stark zerklüfteten Gohrisch weist mehrere vorzügliche Aussichts- und Rastpunkte auf, darunter die umfassende »Wetterfahnenaussicht« im Nordwesten, von der aus sich ein glanzvolles Panorama der Sächsischen Schweiz bis hin zum Tanzplan (Tanecniče in Böhmen) hinter Sebnitz entrollt. Im Osten bietet in der Nähe der Schwedenhöhle eine Schutzhütte Unterschlupf bei Regen. Der so genannte Specksteinstollen (verschlossen) ist ein Relikt aus der Steinbruchzeit. Die Aussicht vom Papststein entspricht im Wesentlichen der vom Gohrisch, doch lädt hier ein Berggasthaus zur Einkehr.

gemündete Rotpunkt-Markierung den Weg/Steig auf den **Papststein** weist. Blickfang während des Aufstiegs (mit Stufen) sind die schroffen Felsen der **Hunskirchen**, an denen im Jahr 1996 Bergsteiger Transparente entrollten und erfolgreich Tiefflieger aus der Sächsischen Schweiz vertrieben.
Vom Papststein, der wie der Gohrisch mehrere Aussichtsstellen aufweist, leitet der »Rotpunkt« hinab bis zu den ersten Häusern von Papstdorf-**Rapsdörfel**; eine Sitzbank mit erstklassiger Aussicht zu den Schrammsteinen lädt hier zur Rast. An dieser Aussichtsstelle verlassen wir den Rotpunkt-Weg und folgen der schmalen Zufahrt zwischen Häusern und Gärten abwärts, nun mit schönem Blick auf die Kirche von Papstdorf. Unten in der Linkskurve zweigen wir geradeaus auf den Hans-Förster- (= Weinleiten-)Weg ab, der unterhalb eines Felssturzes (1972) entlangführt. An der Straße geht es kurz links hinab und auf dem ersten Weg rechts durch die Wiesen. An der ersten Straße treffen wir wieder auf die Gelbstrich-Markierung und wandern auf dem bekannten Muselweg zurück in den Kurort **Gohrisch**.

Blick auf Kleinhennersdorfer Stein (rechts) und Papststein.

39

Cunnersdorfer Steine

Wald- und Aussichtswanderung bei Cunnersdorf

Ausgangspunkt: Bushaltestelle in der Ortsmitte von Cunnersdorf bei Friesenhof und Erbgericht. Anfahrt auf der B 172 Dresden – Pirna – Königstein, kurz hinter Königstein rechts ab und via Gohrisch nach Cunnersdorf oder landschaftlich reizvoller in Königstein rechts ab durch das Bielatal und am Abzweig links ab.
Bus: Verkehrsverbund Oberelbe.
Gehzeit: 3½ Std.

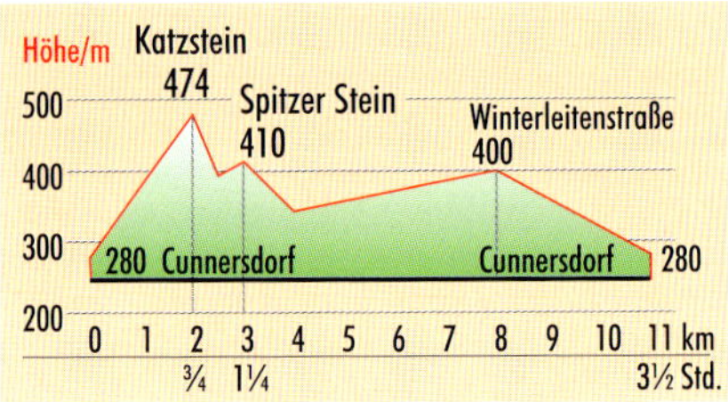

Charakter: Wiesen- und Waldwanderung auf Wegen und Pfaden, teils gestuft.
Einkehr: Keine unterwegs.
Karte: KOMPASS Nr. 810, 761 (1:30.000).

Diese Wanderung leitet zu im Wald versteckten Aussichtssteinen hoch über dem alten Waldhufendorf Cunnersdorf.
Gegenüber vom Friesenhof und vom Gasthof »Erbgericht« in **Cunnersdorf** beginnt ein Naturlehrpfad (Mark. »grüner Schrägstrich«), dessen ausführliche Infotafeln uns begleiten. Nach Überqueren des Cunnersdorfer Bachs leiten Naturlehrpfad und Rotstrich-Mark. auf der für den öffentlichen Verkehr gesperrten Winterleitenstraße aussichtsreich dem Wald zu. An der großen Wegkreuzung im Wald (Rastplatz) wechseln wir rechts auf den Spitzsteinweg (= Sandweg), steigen an der nächsten Verzweigung (Rastplatz) über Stufen links hinauf in das **Katzstein**-Massiv und erreichen das **Signal** (benannt nach ei-

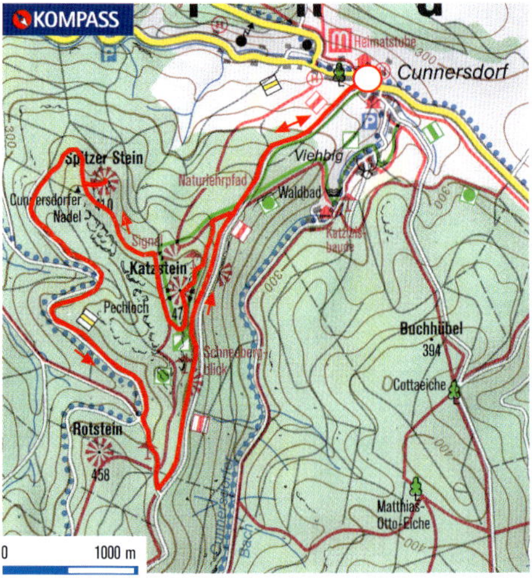

ner ehemaligen Feuerwachtstelle), wo sich eine hervorragende Aussicht zu den »Steinen« sowie auf die Schrammsteinkette bietet, während ganz nah die Zschirnsteine aufragen. Vom Signal geht es weiter aufwärts zum **Katzfels**, der auf einer Leiter erstiegen wird und ebenfalls eine hervorragende Aussicht bietet. Vom Katzfels geht es steil hinab zum Mäusebornweg (»Grünpunkt«), auf dem wir rechts zur nächsten Verzweigung wandern und dort links (»Gelbstrich«) in den Wäldern aufwärts halten, bis der Abstecher zum **Spitzen Stein** ausgeschildert ist.

Auch dieser auf Leitern ersteigbare Felsgipfel bietet bei klarem Wetter eine vorzügliche Rundschau über das Gebiet der Steine bis zur Dresdner Elbtalweitung, auf die Kette der Schrammsteine und die Affensteine, zum Großen Winterberg und weit nach Böhmen hinein.

Weiter geht es auf der Gelbstrich-Route, die bald dem Wurzelweg – einem Forstweg – folgt. Wenn der »Gelbstrich« an einer Wegkreuzung rechts auf den Heuweg wechselt, geht es zunächst aufwärts, ab dem Rastplatz dann leicht abwärts, bis die Winterleitenstraße (»Rotstrich«) uns zurück nach **Cunnersdorf** führt.

Fachwerkdorf Cunnersdorf

Zu den markantesten Gebäuden im 1379 erstmals erwähnten Waldhufendorf Cunnersdorf, in dem mehrere Fachwerkhäuser erhalten sind, zählt der im Jahr 1607 als Oberforst- und Wildmeisterei gegründete Forsthof (Friesenhof), eine Gebäudegruppe mit Treppenturmtorhaus, Haus mit Uhrturm und spitzbogigem Sitznischenportal. Die neuromanische Saalkirche (1854/55) ersetzte einen Bau von 1604. Das Waldschwimmbad oben im Tal des Cunnersdorfer Bachs ist solarbeheizt.

Der Friesenhof in Cunnersdorf bei Gohrisch.

40

Pfaffenstein und Quirl

Zur Barbarine: Wahrzeichen der Sächsischen Schweiz

Ausgangspunkt: S-Bahnhof Königstein; Anfahrt auf der B 172 Dresden – Pirna – Königstein.
Bahn: S-Bahn Dresden – Pirna – Königstein – Schöna.
Gehzeit: 3 Std.
Charakter: Insgesamt steile Wanderung, Steiganlagen am Pfaffenstein.
Einkehr: Königstein, Pfaffendorf, Pfaffenstein.

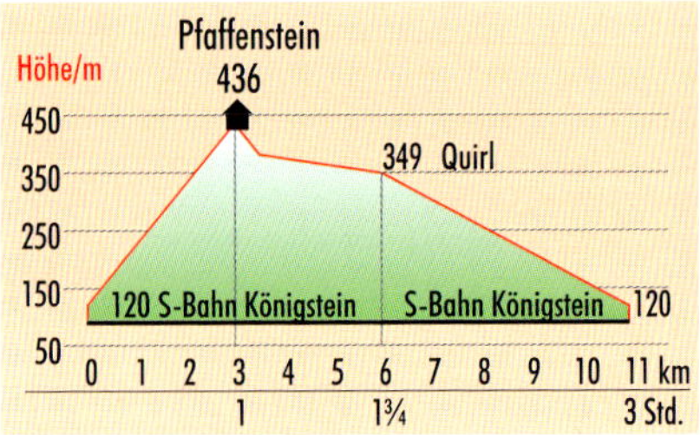

Karte: KOMPASS Nr. 810, 761 (1:30.000).

Von Königstein an der Mündung der Biela in die Elbe führt diese Wanderung über den zerklüfteten Pfaffenstein zum Quirl, wo mit der Quirlpromenade einer der schönsten Hochwaldsteige der Sächsischen Schweiz erwartet.

Vom Bahnhof **Königstein** gehen wir elbseitig der Bahnlinie wenige Meter flussabwärts, treffen beim Anleger der Elbfähre auf die Wanderwegweiser (Richtung »Pfaffenstein«), folgen der Bielatalstraße kurz aufwärts zur Kursächsischen Postdistanzsäule und biegen mit der Mark. »Grünpunkt« links auf den Weg »Pfaffenberg« ab, der im Hang des Bieletals steil aufwärts führt. Oben in **Pfaffendorf** mündet der Grünpunkt-Weg auf die serpentinenreiche Kreisstraße, folgt ihr kurz aufwärts, biegt an den Wanderwegweisern rechts ab und leitet hinauf zum **Pfaffenstein**, wobei der steile Schlussanstieg durch das Nadelöhr auf einer Stufenanlage erfolgt. Auf dem zerklüfteten, bewaldeten Gipfelplateau lädt eine Bergwirtschaft zur Einkehr, der steinerne Aussichtsturm gewährt Aussicht ostwärts zu den Zschirnsteinen und zum Rosenberg, während sich elbabwärts bei klarer Sicht Dresden zeigt. Auf dem Plateau sollte man den ausgeschilder-

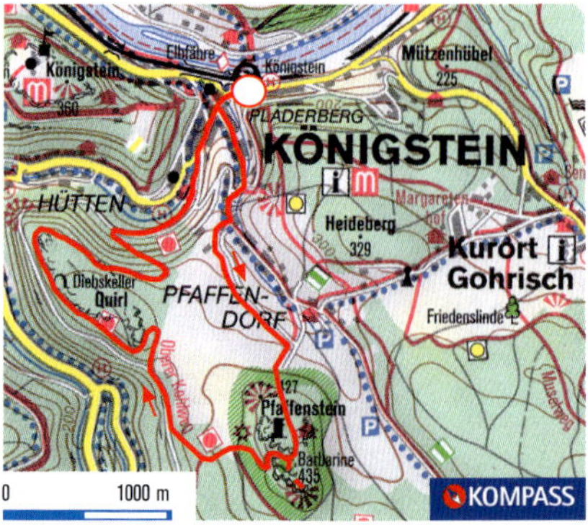

Blick vom Naturlehrpfad über Cunnersdorf hinweg zum Pfaffenstein.

ten Abstecher zur **Barbarine** (als Kletterfelsen seit 1975 gesperrt!) unternehmen, einer sagenumwobenen Felsnadel, die als ein Wahrzeichen der Sächsischen Schweiz gilt. Nach dem Nadelöhr und vor der Gaststätte rechts abbiegen zum ausgeschilderten **Opferkessel**.
Bei der Gastwirtschaft sind mehrere Abstiegsvarianten ausgeschildert (z.B. der abenteuerliche Klammweg), wir folgen der »bequemen«, die sich wiederum verzweigt. Die Varianten treffen unterhalb des Jäckelfelsens in der Nähe einer als Kleiner Kuhstall bezeichneten Trümmerhöhle wieder zusammen. Hier am Westfuß des Pfaffensteins finden sich auch die Reste einer bronzezeitlichen **Wallanlage**. An der Verzweigung unterhalb der Wallanlage folgen wir der Rotpunkt-Markierung weiter abwärts, wechseln in den Hang über dem Tal des Cunnersdorfer Bachs und umrunden auf der Quirlpromenade den **Quirl**, den Tafelberg mit dem größten Sandsteinplateau der Sächsischen Schweiz; früher befanden sich hier Felder. Kurz nach Passieren eines Sandsteintrogs kann man auf dem Kanonenweg einen Abstecher auf das Plateau unternehmen und im Südosten die **Quirlaussicht** genießen. Wer weiter über das Quirlplateau streift, trifft auf Verwitterungsformen, die mit Namen wie Feuerpfanne, Teufelssitz und Opferbecken bezeichnet sind. Die 29 m lange und bis zu 4 m hohe **Diebshöhle** (Diebskeller) auf der Nordostseite des Quirls ist die größte Schichthöhle des Elbsandsteingebirges. Kurz nach der Diebshöhle zweigt die Rotpunkt-Markierung scharf links ab und leitet hinab nach **Königstein**.

Pfaffenstein

Der Pfaffenstein ist neben Lilienstein und Königstein der dritte der bedeutenden »Steine« der Sächsischen Schweiz. Der stark zerklüftete Tafelberg, der eine bronzezeitliche Höhensiedlung trug, weist Schalensteine, schüsselartige Vertiefungen (»Opferkessel«, »Rittersitz«), mehrere Höhlen (Goldschmidtshöhle, Falkenhöhle) und eigenwillige Felsgebilde auf, darunter die sagenumwobene Felsnadel Barbarine, bei der es sich um eine verzauberte Jungfrau handeln soll. Die Barbarine gilt als ein Wahrzeichen der Sächsischen Schweiz. Lehmauflagerungen begünstigen auf dem Pfaffenstein die Ansammlung von Wasser, so dass sich dieser Berg zu allen Zeiten als Zufluchtsstätte eignete.

41

Königstein

Bedeutendste neuzeitliche Felsenfestung der Sächsischen Schweiz

Ausgangspunkt: S-Bahnhof Königstein; Anfahrt auf der B 172 Dresden – Pirna – Königstein.
Bahn: S-Bahn Dresden – Pirna – Königstein – Schöna.
Gehzeit: 2 Std.
Charakter: Insgesamt steile Wanderung, teils gestuft.
Einkehr: Königstein Ortslage, Königstein Festungsbereich (Palmschänke ist keine Einkehrmöglichkeit mehr).

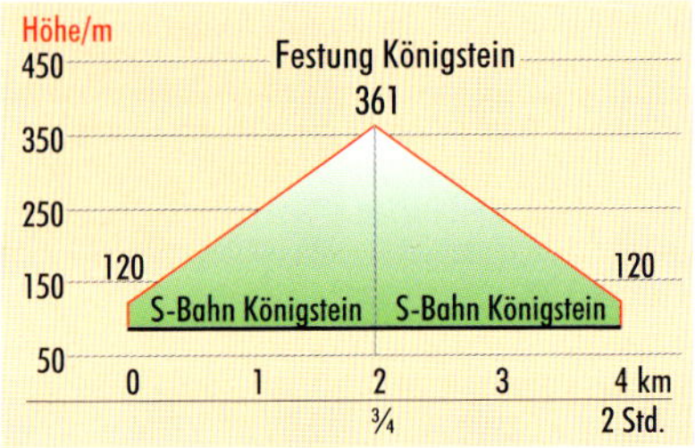

Karte: KOMPASS Nr. 810, 761 (1:30.000).

Die aussichtsreiche Festung Königstein ist ein Ausflugsklassiker der Sächsischen Schweiz. Wer die als Museum zugängliche Bergfeste in eine längere Wanderung einbinden will, wandert von der Festung aus weiter zum S-Bahnhof Rathen (vgl. Tour 5).

Vom S-Bahnhof **Königstein** gehen wir auf der Elbuferpromenade kurz stromabwärts bis zu den Wanderwegeschildern am Fähranleger. Dort durchschreiten wir die vielbogige Sandstein-Eisenbahnbrücke und wenden uns am Kreisverkehr links bielatalaufwärts; rechts oben zeigt sich im Hang als Etappenziel die lutherische **Stadtkirche** (1810–28), ehemals Sankt Marien, mit ihren hohen und schmalen Korbbogenfenstern. Auf der ersten Brücke überqueren wir die Biela und wandern aufwärts, wobei die Blaustrich-Markierung (anfangs auch »Rotpunkt«) des EB und die namentliche Ausschilderung »Festung« die nicht unsteile Route weisen. Das anmutige Ortsbild rings um die Kirche stammt aus dem ersten Viertel des 19. Jh.

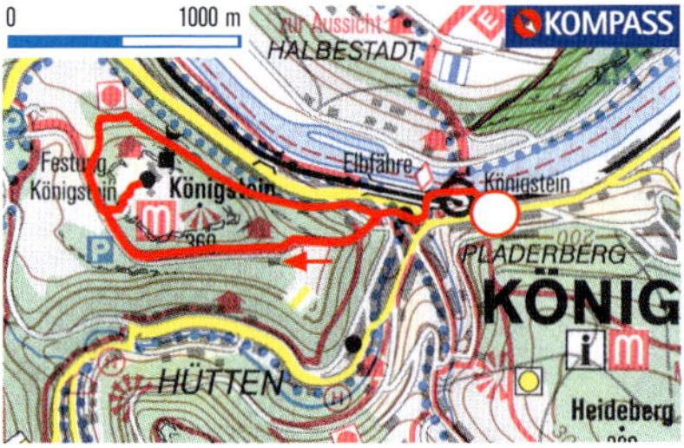

Neben einer Buchhandlung wechselt der Fernwanderweg auf Stufen in den gepflasterten Steilaufstieg zur Festung, zunächst in Grünland mit eindrucksvollem Blick auf Königstein und den jenseits des Elbtals aufragenden Lilienstein, ehe der

Wehrhafte Festung: der Königstein.

Weg nach Passieren der ehemaligen **Palmschänke** in den Wald eintaucht. Nach einem kurzen, aber recht steilen Aufstieg führt der Weg unterhalb der Festungsmauern zum Zugang zur Bergfeste; dort befindet sich ein Großparkplatz. Um die **Festung Königstein** besichtigen zu können, muss man Eintritt bezahlen. Nach dem Rundgang schließen wir uns der Rotpunkt-Markierung an: Im elbseitigen Hang führt sie durch prachtvolle Buchenwälder und zurück in die Stadt **Königstein**.

Festung Königstein

Die Bergfeste auf dem lang gestreckten Felsplateau des Königsteins hoch über der Elbe, im 16.–18. Jh. zur stärksten sächsischen Landesfestung ausgebaut, beherbergt heute ein militärhistorisches Freilichtmuseum mit zahlreichen Ausstellungen und bietet einmalige Ausblicke auf das Elbsandsteingebirge und bis ins östliche Erzgebirge hinein. Für einen Rundgang sollten mindestens zwei Stunden veranschlagt werden. Wer sich einer Führung anschließt, erhält Zugang zu den 400 Jahre alten Tiefkellern und unterirdischen Kasematten. Erstmals erwähnt wird der Königstein, als der böhmische König Václav II. im Jahr 1241 »in lapide regis« (auf des Königs Stein) die Oberlausitzer Grenzurkunde siegelte. 1406/08 gelangte der Burg-Stein in den Besitz der Wettiner, von 1516 bis zur Reformation war er Sitz des Klosters »zum Lobe der Wunder Mariä«, und 1563 begann mit der Abteufung des 152,5 m tiefen Burgbrunnens die Anlage der Festung, in der bis 1922 das gefürchtetste sächsische Staatsgefängnis untergebracht war. Insassen waren u. a. der Porzellanerfinder Johann Friedrich Böttger, der Anarchist Michail Bakunin, der Sozialdemokrat August Bebel und der Dichter Frank Wedekind. Noch zu erwähnen ist der Abratzky-Kamin, durch den 1848 der Schornsteinfeger Abratzky auf die Festung kletterte.

42

Bernhardstein – Labyrinth

Felslabyrinth an den Nikolsdorfer Wänden

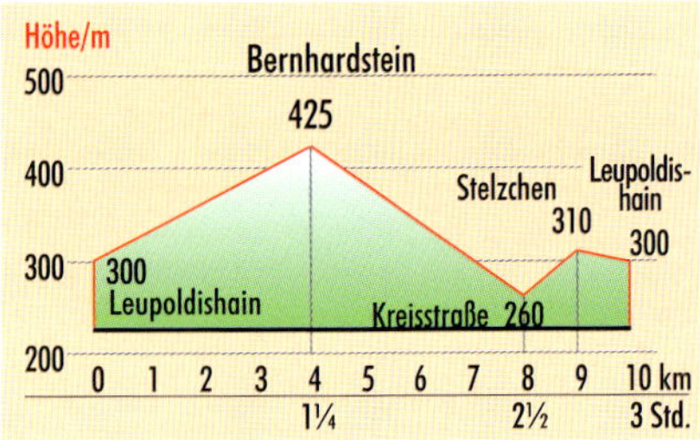

Ausgangspunkt: Bushaltestelle Leupoldishain-Dorfplatz in Königstein-Leupoldishain; es gibt hier auch einen Parkplatz, weitere Parkplätze finden sich an der Dorfstraße beim ehem. Waldschwimmbad. Anfahrt auf der B 172 Pirna – Königstein und abbiegen Richtung Leupoldishain.
Bus: Regionaler Busverkehr.
Gehzeit: 3 Std.
Charakter: Waldwanderung auf bequemen Wegen. Lediglich am Bernhardstein und im Labyrinth kurze Stufenpassagen.
Einkehr: Keine.
Karte: KOMPASS Nr. 810, 761 (1:30.000).

Am Rand der zerklüfteten Felsenwelten der Nikolsdorfer Wände und des Lengenhennersdorfer Labyrinths erhebt sich am E3 der Bernhardstein, einer der schönsten Aussichtsfelsen links des Bieleatals. Vom Dorfplatz in **Leupoldishain** gehen wir am Glückauf-Wagen – er erinnert an den ehemaligen Uranbergbau in der Gegend – und am alten Naturdenkmal-Ahorn vorbei auf der Königsteiner Straße kurz abwärts und biegen die erste rechts hinab ab. Autofrei führt der Weg hinab in den **Dürren Grund**, in dem wir der namentlichen Ausschilderung »Labyrinth« in sachtem Anstieg aufwärts folgen. Die Markierungen und Namensschilder weisen ein ansehnliches Alter auf, das relativ weite Wiesen- und Waldtal gibt die Route vor, links erheben sich die bewaldeten Nikolsdorfer Wände. Die Nikolsdorfer Wände sind ein bekanntes Klettergebiet und mit ihren vielen Höhlen und Grotten einer der romantischsten Winkel der Sächsischen Schweiz. An der Verzweigung, wo der Forstweg in den Wald eintritt, wenden wir uns links, gleich rechts

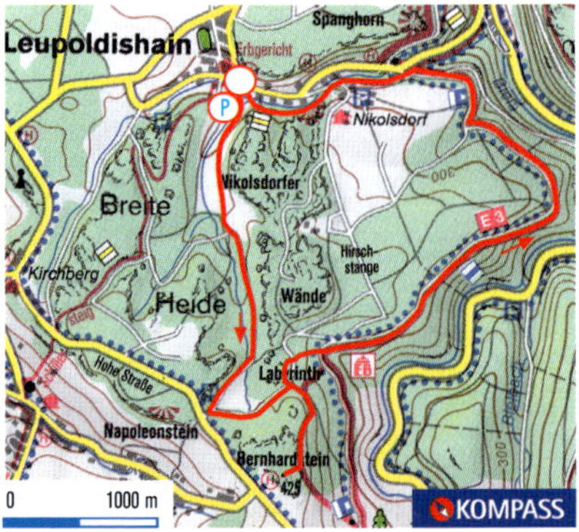

Vom Bernhardstein fällt der Blick zur Festung auf dem Königstein und zum Lilienstein (rechts).

kurvend, und erreichen zuletzt an einer Waldwiese den Parkplatz **Hohler Stein**. Vom Parkplatz weist ein Schild links auf einen Forstweg Richtung »Labyrinth«.

Kurz vor Erreichen des Labyrinths mündet der Weg auf den mit dem Zeichen »Blaustrich« markierten Internationalen Bergwanderweg Eisenach–Budapest (EB = Europäischer Fernwanderweg 3).

Er führt steil rechts hinauf, teilweise auf Stufen, auf den geländergesicherten **Bernhardstein**, auf dem ein traumhaftes Panorama erwartet.

Aus ungewohnter Perspektive sind die berühmten Steine der Sächsischen Schweiz zu sehen: von links Festung Königstein, Lilienstein, Quirl, der Pfaffenstein mit der Barbarine, Gohrisch und Papststein sowie die Schrammsteine und die Zschirnstein.

Nach der Rast auf dem Bernhardstein geht es auf dem E3 zurück zum bequemen Weg, der rechts zur bizarren Felslandschaft des **Labyrinths** führt.

Vom Labyrinth führt der E3 weiter auf dem Forstweg »Hirschstange« im Hang über dem Bielatal in Richtung der Festung Königstein. Vor der Kreisstraße verlassen wer den E3 und folgen der Markierung »Gelbstrich« links hinauf zu den wenigen Häusern von Nikolsdorf, kommen noch am Aussichtspunkt Stelzchen hoch über Leupoldishain vorbei und sind wenig später wieder zurück an unserem Ausgangspunkt in **Leupoldishain**.

Labyrinth Langenhennersdorf

Das Flächennaturdenkmal »Labyrinth Langenhennersdorf« ist eine zerklüftete Felsgruppe mit einer selbst für die Sächsische Schweiz unvergleichlichen Vielfalt und Häufung von Erosionsformen. Damit niemand die Orientierung in diesem 3,5 Hektar kleinen und dennoch unübersichtlichen »Labyrinth« verliert, ist eine spezielle Rundroute markiert, die zielsicher auf Stufen durch Höhlen, Felsgassen und -tunnel führt. Prinzipiell kann man in diesem Felsgebiet, das von einem recht natürlichen Waldkleid überdacht wird (bis zu 200 Jahre alte Rotbuchen, Kiefern und Fichten), Stunden verbringen, und an sonnigen Wochenenden nutzen viele Familien das Labyrinth als Picknickgelände und Abenteuerspielplatz für Kinder. Besonders auffällig sind die in Reihen auftretenden Höhlen, oftmals sind sie nur durch dünne Zwischenwände voneinander getrennt bzw. stehen durch säulenartige Sanduhren miteinander in Verbindung.

43

Bielatal

Durch eine malerisch-bizarre Felsenwelt

Ausgangspunkt: Parkplatz bei der Ottomühle am Ende des für den öffentlichen Verkehr freigegebenen Teils der Straße im Bielatal. Anfahrt auf der B 172 Pirna – Königstein; abbiegen Richtung Bielatal.
Bus: An der Haltestelle »Schweizermühle« aussteigen; regionaler Busverkehr (ab Königstein) an Wochenenden fast stündlich.
Gehzeit: 2 Std.
Charakter: Waldwanderung auf Pfaden und Steigen mit zahlreichen Stufenanlagen.

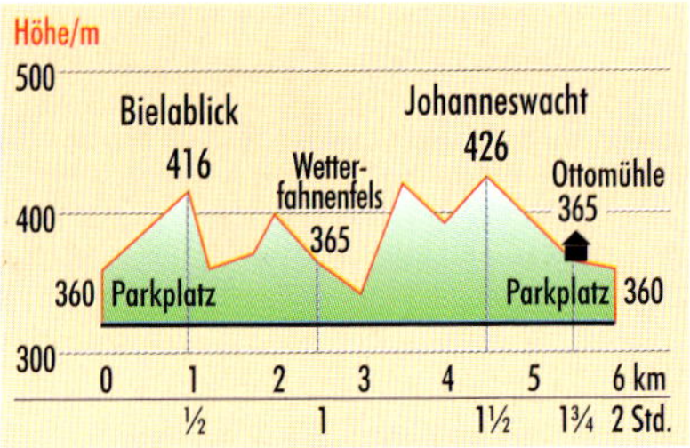

Einkehr: Kiosk Ottomühle
Karte: KOMPASS Nr. 810, 761 (1:30.000).

Diese Wanderung führt durch die Felsenwelt des Bielatals zwischen Otto- und Schweizermühle. Da es viel zu sehen gibt, sollte man ungeachtet der wenigen Kilometer viel Zeit einplanen.
Hinter dem Kassenhäuschen am oberen Ende des **Großparkplatzes** zweigen wir links auf ein pfadartiges Weglein ab, überqueren auf einem in die Jahre gekommenen

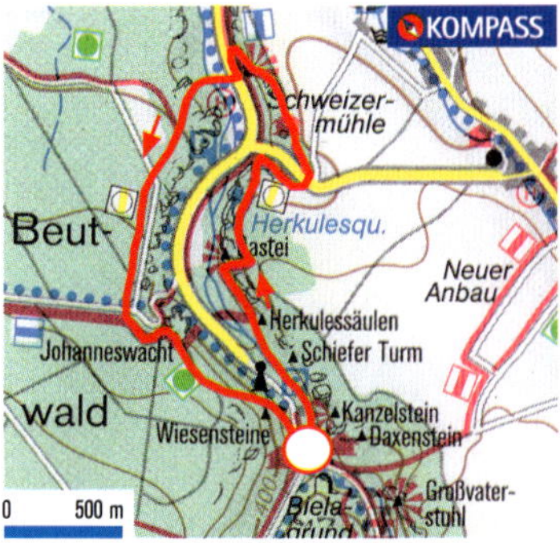

Steg die Biela und wenden uns dahinter halb links auf einem Pfad/Steig, der im Wald – rechts der **Kanzelturm** – zu den Felsen hinaufführt. Eine echte Wanderung, bei der man sich vorwärtsbewegt, kann man diese Tour kaum nennen: Die von den Talrändern losgelösten Felsen scheinen ein Eigenleben zu führen, in den bizarrsten Formen entragen sie dem Wald und haben seit den Zeiten der Romantik viele Künstler inspiriert. Kein Stein ist hier mehr unberührt, überall ertönt das Klappern und Rufen der Kletterer. Wer das Gebiet in Ruhe erleben will, muss kommen, wenn der Fels nass ist, denn dann darf nicht geklettert werden. Am **Schiefen Turm** folgen wir weiter der Ausschilderung »Felsengasse«, wenig später mündet ein aus dem Bielatal heraufführender, mit »Gelb-

Im Bielatal.

punkt« markierter Weg/Steig ein, und diese Markierung gibt die weitere Route vor: Nach Passieren der kühn aufragenden **Herkulessäulen** und Durchschreiten der **Felsengasse** (rechts hoch!) bietet der von einer künstlichen, zinnenbekrönten Ruine überhöhte **Bielatalblick** eine hervorragende Aussicht. Nun führt die Gelbpunkt-Route hinab zur Kreisstraße, folgt ihr kurz rechts hinauf und zweigt dann links ab zu den Aussichtskanzeln von **Wetterfahnenfels** und **Bastei**. Nach dem Zwischenabstieg in das Bielatal leitet der »Gelbpunkt« auf der linken Talseite zum Felskegel **Nachbar**, der einen prachtvollen Blick auf das Tal und die Felsen im gegenüberliegenden Hang bietet. Durch ein Felsentor leitet der Steig weiter aufwärts und mündet oben auf einen Forstweg (»Gelb-« und »Grünpunkt«), dem wir links folgen, bis der Leiteraufstieg zum **Sachsenstein** ausgeschildert ist. Die Aussichtsplatte des im Rahmen eines kurzen Abstechers erreichbaren Felsturms bietet einen eindrucksvollen Blick hinüber zu Bielatalblick und die Felsgruppe um den Schiefen Turm.

Der Zugang zum Sachsenstein erfordert eventuell etwas Schwindelfreiheit.

Vom Sachsenstein kehren wir zurück zum Weg und wandern weiter zur **Johanneswacht**; auch von hier aus bildet der Bielablick-Ruinen-Pavillon auf der mauer- bzw. zinnenartig aufragenden Felsenkette gegenüber einen markanten Blickfang. Während die Gelbpunkt-Markierung an der Johanneswacht direkt ins Tal hinabführt, folgen wir dem »Grünpunkt« weiter Richtung **Ottomühle** und kehren zurück zum **Ausgangspunkt**.

Bielatal

Das Bielatal mit seinen malerisch verwitterten Sandsteinfelsen ist eines der berühmtesten Gebirgstäler der Sächsischen Schweiz und mit 240 Gipfeln sowie über 3000 Routen aller Schwierigkeitsgrade das vielfältigste Klettergebiet des Elbsandsteingebirges – der gebührenpflichtige Parkplatz Ottomühle ist oft restlos belegt. Der autofreie Abschnitt des von der Biela durchflossenen Tals erstreckt sich vom Parkplatz Ottomühle bis hinauf zur tschechischen Grenze, hinter der der Bach in den Ausläufern des Schneebergmassivs entspringt. Auch für Radtouren bildet der Parkplatz Ottomühle einen optimalen Startpunkt: Ab hier ist das Bielatal für den Autoverkehr gesperrt, aber durch einen gut befahrbaren Wirtschaftsweg erschlossen.

44

Malerweg 1: Lohmen – Hohnstein

Auf den Spuren der Romantiker

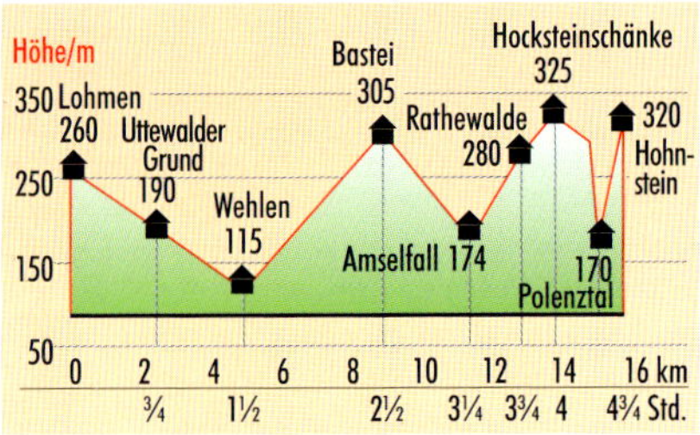

Ausgangspunkt: Friedenslinde in Lohmen; Bushaltestellen Meißner Hochland bzw. Landhaus Nicolai.
Bus: Pirna – Lohmen – Hohnstein. Wer nicht übernachten will, kann dank der günstigen Busverbindung nicht nur im Zielort Hohnstein, sondern auch ab Bastei, Rathewalde, Hocksteinschänke und Hohnstein zurückfahren.
Gehzeit: Knapp 5 Std., davon knapp ¾ Std. in den Uttewalder Grund, knapp ¾ Std. nach Stadt Wehlen, gut 1 Std. Aufstieg zur Bastei, ¾ Std. weiter zum Amselfall, ¾ Std. zum Hockstein und ¾ Std. nach Hohnstein.
Charakter: Wald-, Wiesen- und Schluchtenwanderung auf Wegen und Steigen unterschiedlicher Beschaffenheit, teils Treppen.
Einkehr: Lohmen, Uttewalde, Uttewalder Grund (Waldidylle), Stadt Wehlen, Steinerner Tisch, Bastei, Amselfall, Rathewalde, Hocksteinschänke, Polenztal, Hohnstein.
Karte: KOMPASS Nr. 810.

Die Auftaktetappe des Malerwegs führt zu Glanzpunkten des Elbsandsteingebirges in der Vorderen Sächsischen Schweiz: Uttewalder Grund, Bastei, Amselgrund und Hockstein sind die berühmtesten. Als Ausgangspunkt sei die Friedenslinde in **Lohmen** empfohlen.

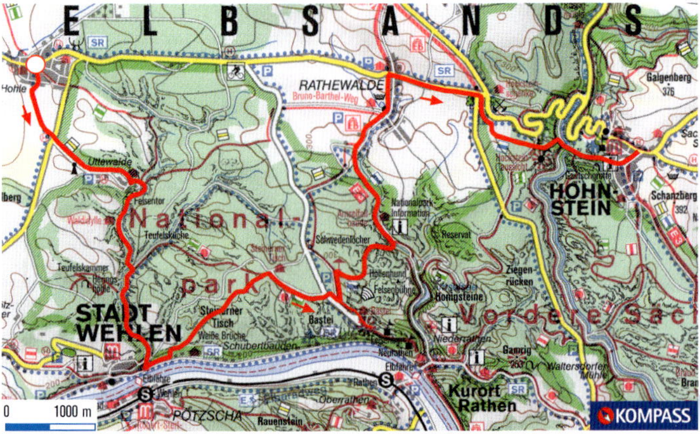

Im Uttewalder Grund.

Wer hier und nicht schon in Lohmen-**Liebethal** startet, spart ein langes Straßenstück, verpasst aber auch den durch die ältesten Steinbrüche des Elbsandsteingebirges akzentuierten **Liebethaler Grund** mit dem **Richard-Wagner-Denkmal** bei der Lochmühle. Das größte Wagnerdenkmal der Welt stellt den Komponisten als Gralsritter dar und ist für Wagnerianer ein Wallfahrtsort. Von der Friedenslinde in Lohmen führt der Malerweg (»Gelbstrich«) nach **Uttewalde**, tritt in den Nationalpark ein und erreicht beim autofreien Gasthaus »Waldidylle« das berühmte **Felsentor** (Tour 7), das im Vergleich zur Darstellung C. D. Friedrichs ein wenig klein wirkt. Vom Felsentor geht es durch den **Uttewalder Grund** (»Grünstrich«) und den **Wehlener Grund** (»Rotpunkt«) hinab nach **Stadt Wehlen**, wo ein steiler Abstecher zur von Friedrich dargestellten **Wilke-Aussicht** lohnt. Wegen der Steinbrüche abweichend von der Ur-Route, geht man von Stadt Wehlen wie bei Tour 6 hinauf zum **Steinernen Tisch** und weiter zur **Bastei**.

Von dort führt der Malerweg wie Tour 10 durch die **Schwedenlöcher** in den **Amselgrund** und in dieser Schlucht wie Tour 9 aufwärts zum **Amselfall** und nach **Rathewalde**, wo man bei klarer Sicht dem EB weiter zum **Hohburkersdorfer Rundblick** und weiter Richtung Hohnstein folgt; sonst läuft man von Rathewalde das kurze Stück längs der Straße zur **Hocksteinschänke**, wo man wieder auf den EB trifft: Wie bei Tour 47 geht es auf dem EB zum Hockstein und nach der Polenztaldurchquerung hinauf in die Burgstadt **Hohnstein**.

Der Malerweg

Der Malerweg führt auf den Spuren der Romantiker in zwei bis vier Tagen durch die Sächsische Schweiz. Dabei leitet er zu vielen der durch Stiche, Aquarelle, Skizzen und Gemälde bekannt gewordenen Höhepunkte des Gebirges: Uttewalder Grund, Bastei, Lilienstein, Kirnitzschtal, Schrammsteine, Kuhstall, Großer Winterberg usw. Er folgt – ohne eigene Markierung – den zum Teil bis heute so genannten »Fremdenwegen«, die vor zwei Jahrhunderten für Caspar David Friedrich, Carl Gustav Carus, Ludwig Richter und viele andere eine Route des Entdeckens und der Inspiration in einer grandiosen Urnatur bildeten.

45

Malerweg 2: Hohnstein – Winterberg

Durch die Hintere Sächsische Schweiz

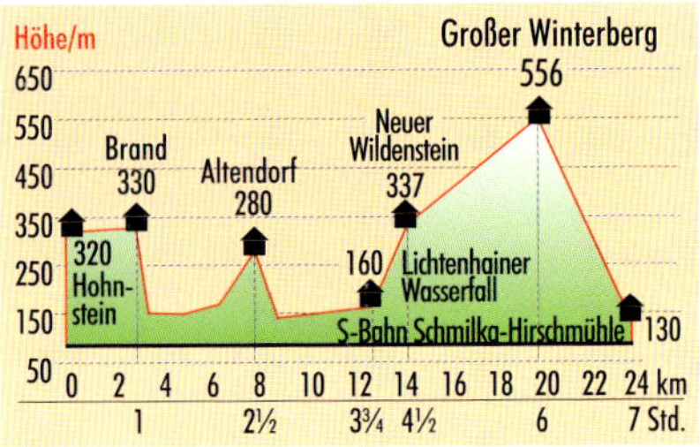

Ausgangspunkt: Marktplatz in Hohnstein. Anfahrt auf der B 172 Dresden – Pirna, dort abbiegen Richtung Neustadt/Hohnstein.
Bahn/Bus: S-Bahn Dresden – Pirna, dort Bus nach Hohnstein.
Gehzeit: Knapp 7 Std.
Charakter: Bis zur Brandaussicht und erneut im Polenztal bequeme Waldwanderung, dazwischen steiler Ab- bzw. Aufstieg (Treppen und Stufen).
Einkehr: Hohnstein, Brand, Altendorf, Ostrauer Mühle, Forsthaus, Lichtenhainer Wasserfall, Kuhstall, Großer Winterberg, Schmilka.
Karte: KOMPASS Nr. 810.

Von Hohnstein führt die zweite Etappe des Malerwegs in das Kirnitzschtal und über den Winterberg nach Schmilka. Zu den zahlreichen Höhepunkten zählen die Brandaussicht, die Kuhstallhöhle und die Aussicht vom Gleitmannshorn.
Von Hohnstein geht es auf dem EB (»Blaustrich«) wie Tour 14 zur **Brandaussicht** und steil hinab zur Straße im **Tiefen Grund**.
Da die Ur-Route des Malerwegs der Straße nach Bad Schandau gewichen ist, muss man sich für eine Alternative entscheiden: Entweder man geht aufwärts nach

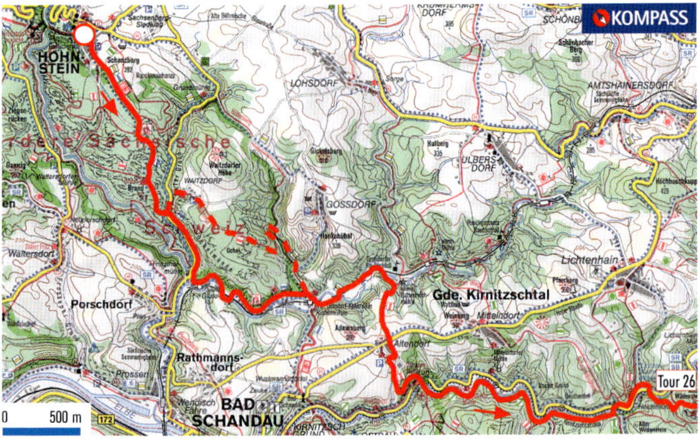

Prebischtor

Der Ur-Malerweg führte vom Großen Winterberg nicht hinab nach Schmilka, sondern direkt über die Grenze zum Prebischtor in der Böhmischen Schweiz. Das Prebischtor (Pravcícká brána), das größte Felstor Europas (16 m hoch und 8 m breit), erwandert man heutzutage von Hrensko aus. Man fährt mit der S-Bahn bis Schöna, setzt dort mit der Radl- und Wanderfähre nach Hrensko auf der tschechischen Seite des Flusses über (die Anfahrt nach Hrensko mit dem Auto ist nicht zu empfehlen) und findet direkt beim Fähranleger in dem winzigen Grenzort, in dem vielerlei Waren zu Dumpingpreisen angeboten werden (»Vietnamesenmarkt«), die Wanderwegweiser zum Prebischtor. Die Wanderung ist unverhältnismäßig lang (15 km): Mehr als die Hälfte des Wegs folgt einer Straße. Im Sommerhalbjahr bildet für viele eine Kahnfahrt durch die Edmundsklamm den zweiten Höhepunkt der Tour zum Prebischtor.

Waitzdorf (zwei schöne Ochel-Aussichten) und folgt der Rotstrich-Route weiter zur Kohlmühle, oder man bleibt wie bei Tour 48 auf dem EB. Vom Haltepunkt **Goßdorf-Kohlmühle** des Sächsischen Semmering, wo dann die beiden Varianten wieder aufeinandertreffen, geht es mit »Rotstrich« aufwärts im autofreien **Sebnitztal**, bis die Rotstrich-Route bei der **Buttermilchmühle** rechts hinauf nach **Altendorf** auf den aussichtsreichen Rücken zwischen Sebnitz- und Kirnitzschtal wechselt (mit kurzem Abstecher zur überwältigenden Aussicht vom Adamsberg) und dann durch die Dorfbachklamm in das Kirnitzschtal hinabführt.

Dort folgt der Malerweg dem Flößersteig (Tour 18) aufwärts zum **Lichtenhainer Wasserfall** und führt dann wie bei Tour 24 hinauf zur **Kuhstall**-Höhle.

Mit der Rotpunkt-Mark.geht es wie Tour 26 weiter zum **Gleitmannshorn** und zum **Großen Winterberg**, wo der Abstieg ins Elbtal nach **Schmilka** beginnt.

Blick vom Hockstein über das Polenztal hinweg auf Stadt und Burg Hohnstein.

Augustusberg – Königstein

Durch das Bahra- und Bielatal zur Elbe

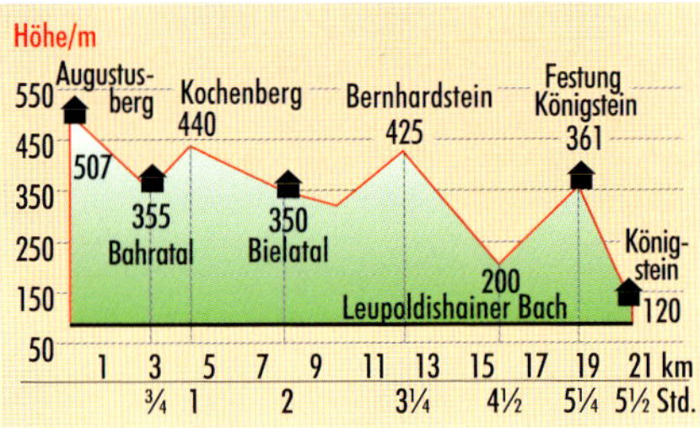

Ausgangspunkt: Parkplatz beim Berghotel auf dem Augustusberg. Die nächste Bushaltestelle befindet sich am marktplatz in Bad Gottleuba (Buslinie Pirna – Bad Gottleuba), vom Markt führt ein ausgeschilderter Wanderweg auf den Augustusberg.
Gehzeit: 5½-6½ Std.
Charakter: Wald-, Dörfer- und Wiesenwanderung auf fast durchgehend fahrradfähigen Wegen und Straßen.
Einkehr: Augustusberg, Bahratal, Rosenthal-Bielatal, Festung Königstein, Königstein.
Karte: KOMPASS Nr. 810.

Vom aussichtsreichen Augustusberg hoch über dem Gottleubatal führt der Europäische Fernwanderweg 3 via Bahra- und Bielatal in die Festungsstadt Königstein

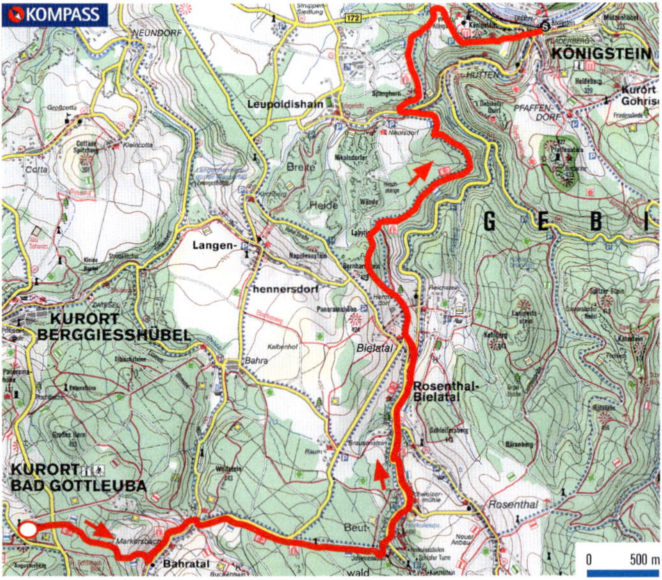

Der Bernhardstein ist einer der schönsten Aussichtspunkte während der Auftaktetappe des EB; Blick zum lang gestreckten Pfaffenstein, an dem im Fernglas rechts die Felsnadel der Barbarine hervortritt.

an der Mündung der Biela in die Elbe.

Die Sandsteinkuppe des **Augustusbergs** (507 m) bildet die südwestlichste Bergbastion des Elbsandsteingebirges. Sie erhebt sich über dem Gottleubatal, das Elbsandstein- und Erzgebirge trennt, und bietet prachtvolle Ausblicke auf die Gottleuba-Talsperre und auf die Berge des Osterzgebirges. Nach dem Abstieg in das **Bahratal** geht es längs der Straße im Ortsteil **Markersbach** abwärts und an der Kreuzung rechts hinauf längs der Alten Rosenthaler Straße. Oben in der Linkskurve führt die nun autofreie Alte Rosenthaler Straße geradeaus in das **Bielatal**. Dort folgen EB und E 3 der Straße im Talgrund abwärts; es ist anzuraten, wenigstens das kurze Stück bis zur Schweizermühle nicht auf der Straße, sondern auf einem der beiden weitaus interessanteren Hangwege zurückzulegen (vgl. Tour 43). Oberhalb des Ortsteils **Bielatal** beginnt wieder die Autofreiheit, der auch als Radroute ausgewiesene Weg leitet im Hang hoch über dem Bielatal durch den Wald auf einem asphaltierten Forstweg, der **Hirschstange**.

In einem kurzen Abstecher verlassen EB und E3 diesen Forstweg und führen hinauf zum aussichtsreichen **Bernhardstein**, ehe es via **Labyrinth** wieder zurück zur Hirschstange geht. Im Tal des Leupoldishainer Bachs kreuzen EB und E 3 die von Leupoldishain nach Königstein hinab führende Straße und führen zum Großparkplatz am Aufgang zur **Festung Königstein** (Tour 41). Dort erfolgt der steile Abstieg zum S-Bahnhof beim Fähranleger in **Königstein**.

47

EB 2: Königstein – Lilienstein – Hohnstein

Königsetappe durch die Vordere Sächsische Schweiz

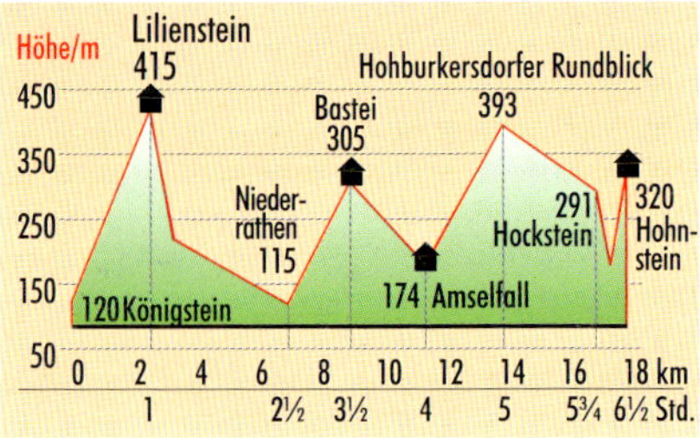

Ausgangspunkt: S-Bahnhof Königstein; Anfahrt auf der B 172 Dresden – Pirna – Königstein.
Bahn: S-Bahn Dresden – Pirna – Königstein – Schöna.
Gehzeit: 6½ Std. Streckenwanderung; davon gut 1 Std. auf den Lilienstein, 1½ Std. nach Niederrathen, 1 Std. auf die Bastei, gut ½ Std. zum Amselfall, knapp 1 Std. zum Hohburkersdorfer Rundblick und knapp ¾ Std. zum Hockstein.
Charakter: Landschaftlich herausragende Wanderung auf Wegen, Pfaden und Steigen.
Einkehr: Halbestadt, Ebenheit, Lilienstein, Einsiedler, Niederrathen, Bastei, Amselfall, Rathewalde, Hocksteinschänke, Polenztal, Hohnstein.
Karte: KOMPASS Nr. 810.

Diese Paradeetappe des EB erschließt mit dem Lilienstein, der Bastei, der Felsenburg Neurathen, dem Amselgrund und dem Hockstein einige der herausragenden Natur- und Kultursehenswürdigkeiten der Sächsischen Schweiz. Anders als die erste Etappe ist diese fast durchgehend autofrei, auch Fahrräder sind nicht zugelassen, und es gibt mehrere Steiganlagen.
Beim S-Bahnhof **Königstein** setzen wir mit der Fähre nach Königstein-**Halbestadt** am rechten Elbufer über, folgen der Blaustrich-Markierung des EB steil im bebauten Hang aufwärts und erreichen bei einem Hotel **Ebenheit** am Rand der landwirtschaftlich genutzten Verebnung am Fuß des Liliensteins. Wie bei Tour 4 in gegenläufiger Richtung geschildert,

An der Kanapee-Aussicht.

führt der EB auf Treppen und Leitern durch die Südflanke auf den aussichtsreichen **Lilienstein**, den mächtigsten Tafelberg der Sächsischen Schweiz. Nach dem ebenfalls recht steilen »Nordabstieg« leitet der EB wie Tour 5 bequem weiter durch Felder und Wälder, wechselt nach Queren der Kaiserstraße auf den Lottersteig und folgt dann dem Elbufer mit erstklassiger Aussicht in das autofreie **Niederrathen**. Dort schwingt der EB nach Überqueren des Grünbachs talaufwärts und führt wie Tour 10 in gestuftem Aufstieg mit mehreren vorzüglichen Aussichtspunkten hinauf zur **Felsenburg Neurathen**, zur **Bastei** und durch die **Schwedenlöcher**-Schlucht hinab in den **Amselgrund**. Im Amselgrund wendet sich der EB aufwärts zur **Amselfallbaude** am **Amselfall** und leitet wie Tour 9 hinauf nach **Rathewalde** und zum **Hohburkersdorfer Rundblick**.

Hinter diesem Aussichtspunkt mündet der EB auf die Kaiserstraße und folgt ihr ein zwar aussichtsreiches, aber autonahes Stück rechts hinab zur **Hocksteinschänke**, hinter der wieder die Autofreiheit beginnt und einer der großartigsten Aussichtsfelsen der Sächsischen Schweiz erwartet: der **Hockstein**. Der Blick in das Polenztal und auf Hohnstein unterstreicht, dass das Ziel zwar nah ist, aber noch einige Höhenmeter gestiegen werden müssen: Sehr steil führt der EB hinab in das **Polenztal**, wo man sich in der Gaststätte stärken kann, um dann fast ebenso steil hinauf nach **Hohnstein** zu wandern.

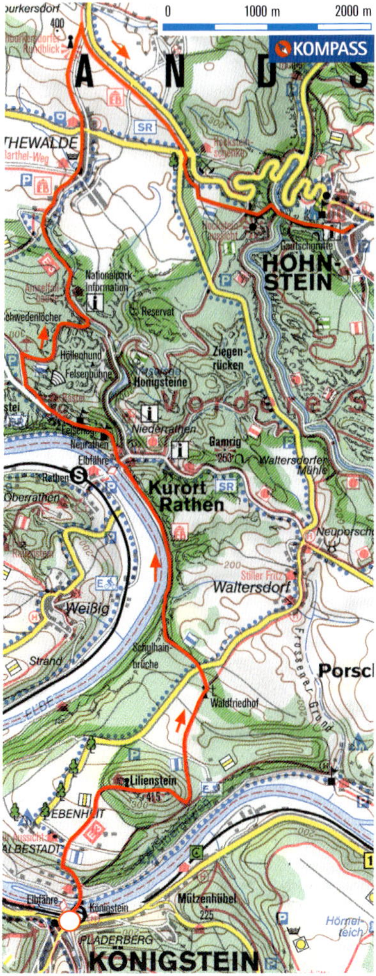

EB 3: Hohnstein – Schmilka

Paradeetappe durch die Hintere Sächsische Schweiz

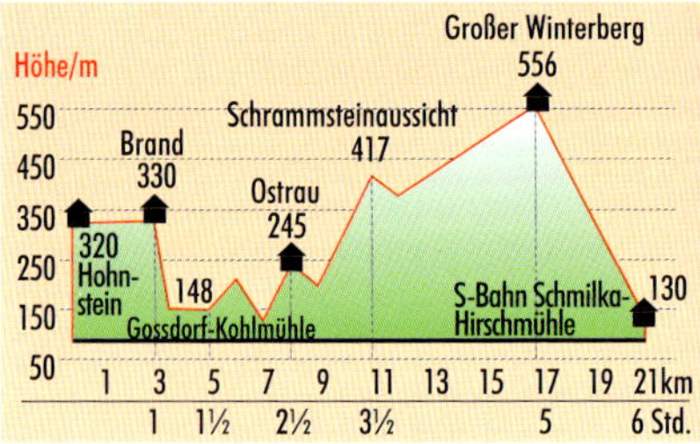

Ausgangspunkt: Marktplatz in Hohnstein. Anfahrt auf der B 172 Dresden – Pirna, dort abbiegen Richtung Neustadt/Hohnstein.
Bahn/Bus: S-Bahn Dresden – Pirna, dort Bus nach Hohnstein.
Gehzeit: 6 Std.
Charakter: Bis zur Brandaussicht und erneut im Polenztal bequeme Waldwanderung, dazwischen steiler Ab- bzw. Aufstieg, teilweise mit Treppen und Stufen.
Einkehr: Hohnstein, Brand, Ostrau, Schrammsteinbaude, Großer Winterberg, Schmilka.
Karte: KOMPASS Nr. 810.

Die letzte Deutschlandetappe des EB führt im Gleichlauf mit dem E 3 durch die Hintere Sächsische Schweiz nach Schmilka an der Grenze zu Tschechien. Zu den Highligths der landschaftlich hervorragenden Etappe zählen die Brandaussicht und die Schrammsteine. Man kann die Etappe, auf der es mehrere Steiganlagen gibt,

Bei Rapsdörfel bietet sich ein exzellentes Panorama der gesamten Route; rechts die Schrammsteinkette.

nicht mit dem Rad befahren, auch wenn sie passagenweise, z. B. im Sebnitztal, für Räder zugelassen ist. Von der Burgstadt **Hohnstein** leitet der EB wie Tour 14 zur **Brandaussicht**, einem der schönsten Aussichtspunkte der Sächsischen Schweiz. Von dort führt er auf Stufen recht steil hinab in den **Tiefen Grund** (Straße) und zweigt wenig später auf einem für den öffentlichen Verkehr gesperrten Weg in das **Sebnitztal** ab. Am Haltepunkt **Gossdorf-Kohlmühle** des »Sächsischen Semmering« verlässt der EB das Tal und wechselt über den aussichtsreichen Rücken zwischen Sebnitz- und Kirnitzschtal in das tief eingeschnittene Kirnitzschtal. Nach Überqueren der Kirnitzsch auf der **Ostrauer Brücke** leitet der EB relativ steil hinauf in den aussichtsreich gelegenen Erholungsort **Ostrau** und weiter zur **Schrammsteinbaude**. Wie bei Tour 19 geht es nun hinauf zur **Schrammsteinaussicht** und von dort wie bei Tour 20 über die hinteren **Schrammsteine** und weiter zum **Großen Winterberg**, der höchsten rechtselbischen Erhebung der Sächsischen Schweiz. Dort erfolgt der Abstieg wie bei Tour 26 nach **Schmilka**, wo man mit der Elbfähre zum S-Bahnhof **Schmilka-Hirschmühle** übersetzt.

49

Elberadweg

Panoramafahrt durch die Sächsische Schweiz

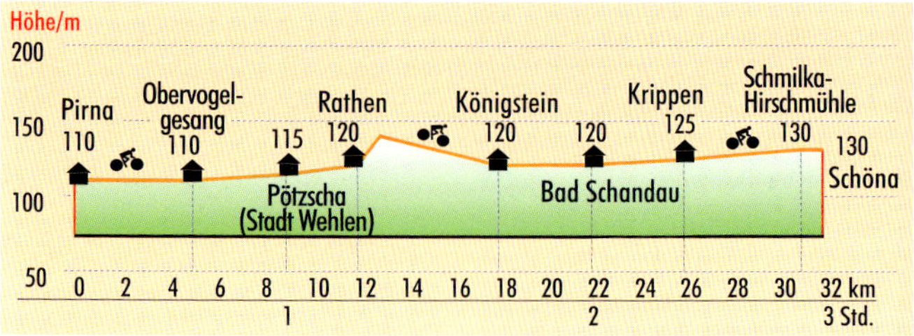

Ausgangspunkt: S-Bahnhof Pirna. Anfahrt auf der B 172 Dresden – Pirna.
Bahn: S-Bahn Dresden – Pirna – Schöna.
Fahrzeit: 2–3 Std.
Charakter: Leichte Streckenfahrt auf fast durchgehend flotten Wegen.
Einkehr: Pirna, Obervogelgesang, Pötzscha/Wehlen, Kurort Rathen, Königstein/Halbestadt, Bad Schandau, Krippen.
Karte: KOMPASS Nr. 810.

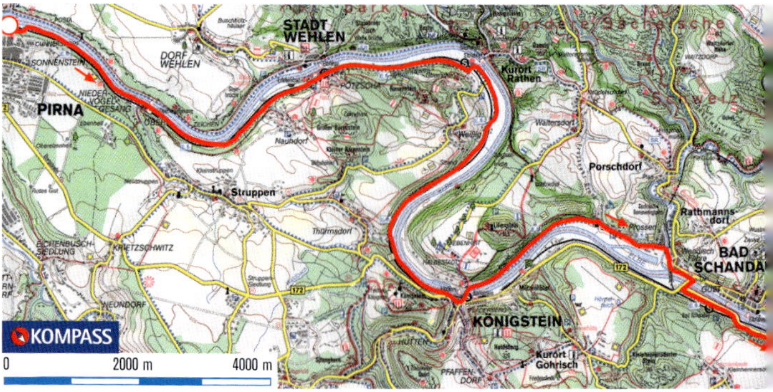

Der Elberadweg bildet eine der landschaftlich großartigsten Tourenmöglichkeiten in der Sächsischen Schweiz. Autofrei folgt er auf meist flotten Wirtschaftswegen dem Fluss. Da er kaum Anstiege aufweist, hat man den Blick frei für die grandiose Umgebung. Die Fahrtrichtung wählt man zweckmäßig nach der jeweiligen Tageswindrichtung (Hauptwindrichtung: flussaufwärts), wobei es von der landschaftlichen Schönheit her gleichgültig ist, ob man flussaufwärts oder -abwärts fährt. Der Elberadweg von Pirna bis Schöna ist bequem an einem Tag zu schaffen; unterwegs gibt es zahlreiche Einkehrmöglichkeiten und Verweilstellen. Die Elbfähren transportieren auch Fahrräder, sodass man an mehreren Orten ans gegenüberliegende Ufer gelangen kann, um einzukehren oder um das Rad stehen zu lassen und einen Wanderausflug zu unternehmen (das Fahrrad fahren auf den Pfaden im Nationalpark ist verboten). Da der Elberadweg an allen S-Bahnhöfen der Sächsischen Schweiz vorbeiführt, hat man viele Einstiegsmöglichkeiten bzw. Punkte, an denen man eine Tour abbrechen und mit dem Rad in der Bahn zurückfahren kann. Der Elberadweg ist ein Radweg, doch er wird auch als Spazier- und Wanderweg und in Ortslagen als Promenade benutzt, und bei mehreren Wanderrouten, die beidseits des Flusses verlaufen, kann man als Alternative zu den vergleichsweise anspruchsvollen Fels-Wanderpfaden die bequemen Teilstücke des Elberadwegs begehen. Von **Pirna** folgt der namentlich ausgeschilderte und mit dem Zeichen »blau-e« markierte Elberadweg dem linken Ufer des Flusses aufwärts nach Pirna-**Obervogelgesang** (S-Bahnhof) und nach Wehlen-**Pötzscha** (S-Bahnhof). In Pötzscha kann man mit der Fähre nach **Stadt Wehlen** übersetzen und auf dem rechten Ufer nach **Niederrathen** fahren (guter Weg), während der Hauptstrang des Elberadwegs am linken Ufer nach **Oberrathen** führt; hier gibt es wieder S-Bahnhof und Fähre. In ruhiger straßenferner Panoramafahrt geht es am linken Ufer weiter (das rechte Ufer zwischen Niederrathen und Königstein-Halbestadt ist für Räder nicht zu empfehlen) nach Königstein (S-Bhf.). Dort setzt man mit der Fähre über nach **Halbestadt** und radelt weiter aufwärts über Prossen nach **Bad Schandau**. Dort befindet sich die einzige Elbstraßenbrücke der Sächsischen Schweiz oberhalb von Pirna. Der Elberadweg wechselt über die Brücke ans linke Ufer (dem rechten Ufer folgt die Bundesstraße) und führt via **Krippen** nach Reinhardtsdorf-**Schöna**, dem letzten S-Bahnhof vor der Grenze.

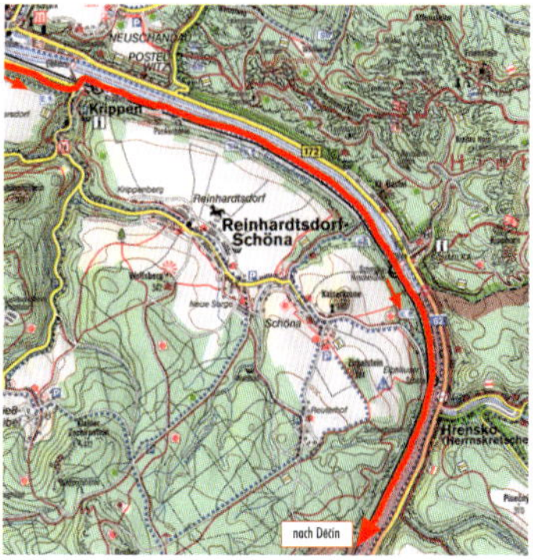

Verlängerung der Radtour nach Děčín

Oberhalb von Schöna passiert der Elberadweg den deutsch-tschechischen Radl-Grenzübergang und führt in Tschechien linkselbisch weiter. Nach nur 10 km endet er auf der Straßenbrücke über die Elbe im Děčiner Ortsteil Bodenbach (Podmokly) am Südrand des Elbsandsteingebirges.
Auf der Rückfahrt sollte man aber nicht die auf der anderen Seite des Tals verlaufende Straße austesten: sie ist schmal und viel befahren; dies gilt auch für die notorische Stau-B 172 zwischen Bad Schandau und der Grenze.